誰管世界如何定義

妳只需要獨自美麗

財富、地位、伴侶、子女……將人生交付給世俗的認同和他人的評判，妳幸福了嗎？

憶雲，謝娜 編著

目 錄

目錄 ────────────────────

第五章　尋找愛的真相：轉個彎就會幸福

第六章　幸福在淡淡的習慣裡：好習慣決定女人的一生

目錄 ————————————

第一章
做自己的公主：愛別人先要愛自己

第一章　做自己的公主：愛別人先要愛自己

█學會愛上自己

身為一名現代女性，在進入婚姻前，必須明白只有真正愛自己的人才會懂得去愛別人，沒必要過多的自謙，這樣會讓你變得不自信，越來越自卑。

我們要挺胸抬頭往前走，把最好的一面大大方方展示給大家。不管別人怎麼看你，你都要相信，你是唯一的，你是一個有價值、值得愛的人。要以自己特有的姿態去贏得世人注視的目光。

愛自己並不表示自憐、自戀，而是接受自己，包容自己的缺點；鼓勵自己，並時時激勵自己開發出深藏的潛力；展示自己，盡量把自己的優點、特長在更多人的面前彰顯出來。愛自己，才會在任何時候都不傷害自己。

情場失意、事業受阻只會帶給我們短暫的失意和低落，我們不會因此而墮落或放縱。

我們愛惜自己，知道良好的健康狀況對現代人的重要。我們積極的參與健身運動以保持自己良好的身材，我們不會吝惜花在保養容貌及身體上的金錢與時間。

我們有著良好的生活習慣，抽菸、飲酒、通宵達旦的宴飲狂歡，都不會發生在我們身上。

現代女性在各行各業顯示的實力已足以證明其「半邊天」的地位，但這並不意味著讓每一個女人都去和男人在事業上一爭高下。

如果一個女人把寵愛自己解釋為「自我放縱」，那就是錯誤的想法了，因為這不叫愛自己，而是恨自己。錯誤的放縱，實際上等於自恨、自我窒息。

　　例如暴飲暴食、菸酒過度、生活習慣不規律、完全不運動、不吸收新知識、懶惰……等行為都是在虐待自己的身體，傷害自己。這樣的放縱，絕不是寵愛自己，而是害自己，跟自己過不去，更是對自己的不尊重。

　　真愛應該是健康的，給人自由、愉悅的感覺，也唯有在自由、愉悅、享受的氣氛下，愛才能得以生長。對別人如此，愛自己也一樣。愛自己首先要讓自己自由，時刻傾聽自己內心深處與自我的對話，坦誠面對各種欲念，這樣才不會受到約束，才能完全保持平衡。當我們能用這樣的態度來愛自己時，就能夠真正了解愛的意義，才有能力去愛別人。

▎秀出自己的美麗與才華

　　絕不能被動等待伯樂前來挖掘你的才華，而應適時在適合的人面前展露專長，秀出你自己，讓人們認識你，記得你，這樣，你才會有成功的機會。否則，恐怕你只有懷著那不為人知的才華，直到白髮蒼蒼、年華老去而遺憾度過一生。

　　自我推銷是一門頗為艱深的課程，對於行動舉止的分寸不好拿捏，稍有閃失，便會弄巧成拙，破壞了自己原有的形象。所以，平時不妨多觀察那些善於自我推銷的人，寫下心得隨時去演練，自然熟能生巧，成為自我推銷的高手。

　　傳統美德提倡女孩含蓄為美，明明自己有十分實力，在嘴上就只剩六七分，可是，一旦對方真的以為你的能力不夠，而不願與你合作，或把重任交付給你時，你的心裡又開始不平衡，覺得別人還不如你，只是靠嘴皮子功夫罷了。

　　請重重的甩掉這種心態吧！做人固然不能自大、自傲，但是，也不

第一章　做自己的公主：愛別人先要愛自己

必靠隱藏實力來表現自己的謙虛，尤其面臨關鍵時刻，攸關事業成功的契機，如果你珍惜自己，就坦誠且積極的為自己爭取每一個出人頭地的機會！

　　曾因飾演黃蓉一角而風靡港臺及中國的香港女影星翁美玲，也是透過成功推銷自己而走上星光大道的。當年，翁美玲勇奪年度港姐之後，便有心走上演藝生涯，但一直苦於沒有機會。後來一家影視公司想投拍《射雕英雄傳》，並大張旗鼓物色演員。導演一開始時便有心讓翁美玲出演黃蓉一角，但後來見面後，覺得翁美玲的個頭太矮小了，便不得不另尋佳人。然而翁美玲並沒有因此氣餒，就在導演在一外景場地作最後決定的那天，翁美玲喬裝改扮出現在現場。只見她手執柳條，衣著襤褸，幾個輕靈的武打動作之後便自行表演起來。其神態之傳神，表演之逼真，當場便贏得了導演的青睞，自然獲得了這個角色。

　　為自己爭取機會，只是自我推銷的第一步；如何以目前的成績為基礎，讓成績成倍上升，這才是自我推銷的最高目的。臺灣作家瓊瑤可以說是我們女孩子最好的榜樣。

　　瓊瑤的小說唯美浪漫，文辭優美，一九五〇、六〇年代便已經風靡臺灣，每個心中有夢的女孩，幾乎都看過瓊瑤的愛情小說。

　　後來，瓊瑤將作品搬上銀幕，拍成電影，再次把自己推向人群，讀者更是成倍增長，奠定了瓊瑤在文壇的不敗地位。

　　隨著觀眾口味的轉變，瓊瑤雖然沉寂了一段時間，但是，擁有精準嗅覺的瓊瑤，轉而把自己的作品帶往電視業發展，果真又再次掀起一陣「瓊瑤旋風」，從前的著作也跟著再度熱賣起來，瓊瑤的聲勢更因此得以二十多年來盛而不衰。隨著瓊瑤的造勢活動，她的作品本本暢銷，賺進大把大把的銀子。

不過，話又說回來，倘若瓊瑤的書不是那麼震撼人心、曲折動人，即使她再有促銷能力，也無法把自己推銷給善變的讀者。因此，要做自我推銷之前，務必先確定自己的實力是否足以應付當前形勢，否則，等到實際操作時再來丟人現眼，那可就麻煩了。

此外，你要向誰推銷自己？這也是很重要的問題。尋找關鍵人物，重點下手，這才有用。如果你只是不斷討好，或在無關緊要的人面前賣弄專才，根本無濟於事，徒然浪費時間而已。

當你因為推銷得法而達到目標之後，記住，一定要收斂得意之色，沉默是金，盡量多做事，少管事，否則，你的身邊一定會有一些善妒之士，伺機扯你的後腿，把你拉下位子來。在你的理想、承諾尚未實現時，還是小心預防這些災難吧！

▌懂得欣賞自己的生活

生活中有些人羨慕那些明星、名人日日淹沒在鮮花和掌聲中，名利雙收，以為世間苦痛都與他們無緣。這是羨慕別人的盲點，也是一些人老是羨慕別人光鮮處的原因。其實，走進明星、名人的生活，他們同樣有著不為人知的辛酸。美國前總統雷根曾幾度風光，晚年卻備受不孝逆子的敲詐、虐待；戴安娜如果沒有魂斷天涯，幾人知道她與查理斯王子那場「經典愛情」竟是那般糟糕……

俗話說，人生失意無南北，宮殿裡也會有悲慟，茅屋同樣也會有笑聲。只是，平時生活中無論是別人展示的，還是我們關注的，總是風光的一面，得意的一面，這就像女人的臉，出門的時候個個描眉畫眼，塗脂抹粉，光鮮亮麗，這全都是給別人看的，回到家後，個個都素面朝天，這就

第一章　做自己的公主：愛別人先要愛自己

難怪男人們感嘆：「老婆還是別人的好。」於是，站在城裡，嚮往城外，而一旦走出圍城，就會發現生活其實都是一樣的，有許多我們一直很在意的東西，比起別人，根本就沒有什麼可比性。

有位哲人說過，與他人比是懦夫的行為，與自己比是英雄。這句話乍一聽不好理解，但細細品味，卻也有它的道理。

所以，不要把你的生命浪費在和別人的對比上，應該跟自己的心靈去賽跑。

要懂得欣賞自己的生活，讓自己活得隨心所欲。你能改變什麼讓自己感到愉快，那就作一些改變；不過，如果改變了以後會讓自己不愉快的話，那麼不管有多少人說要去做，也不應該盲從。還有，即使你已經知道改變以後會很好，但自己卻無力改變的話，也不應該勉強去做，原諒自己，欣賞自己所擁有的一切，那些讓自己覺得不滿意的地方，就盡量忽略過去。畢竟，上帝創造我們有不同的膚色、不同的個性，是為了讓我們的生活多姿多彩。所以要接受自己所謂不完美的地方，沒有必要勉強自己變得完美。

我們要用「和自己賽跑，不要和別人比較」的生活態度來面對生活。如果我們願意放下身價，觀摩別人表現傑出的地方，從對方的表現看出成功的端倪，收穫最多的，其實還是自己。不要與別人比華麗的服裝而忽視了自己真正需要提升的東西。

與自己某個階段所取得的小成功相比，才能更好看到自己是不是進步了，才能更好丈量自己的尺寸。所以一定要選好可比的標準，而且讓你與可比的東西之間具備一定的連繫。

生活中，那些總是抱怨自己不幸的人，總是用沉重的欲望迷惑自己，總是看到自己還不曾擁有的東西。請靜下心來，放下心靈的負擔，仔細品味你

已擁有的一切。學會欣賞自己的每一次成功、每一份擁有，你就不難發現，自己竟會有那麼多值得別人羨慕的地方，幸福之神已在向你頻頻招手。

▎夢想當王妃

女人的高貴並非指的是一定要出身豪門或者本身所處的地位如何顯赫，這裡的高貴是指心態和儀態的高貴。一個女人，要有寬容、體諒、忍讓的心。男人最反感放蕩輕浮、算計、尖酸、刻薄的女人。

讓男人喜歡的女子，大都具有寬容、體諒、忍讓、開朗、豁達的心，與她們相處，總是讓人感到如沐春風般自在。她們的舉止優雅輕盈，談吐溫婉智慧，盡顯女性的溫情之美。

在生活中，男人可以是女人的護花使者，而女人本身要給男人提供一種信心 —— 讓男人放心，而且樂意為你託付愛。

小仲馬（Alexandre Dumas fils）的《茶花女》中的主角愛上了妓女，只因為身為妓女的那個女人氣質高貴而又有十足的女人味。這種女人往往會給男人生活的信心和勇氣，因為她們生命裡潛在著一種淨化男人心靈、激勵男人鬥志的個性魅力。

現代女性要做到不媚俗、不盲從、不虛華，自然少不了要有這種讓男人加倍欣賞的高貴氣質。

其實，容貌的美猶如鏡花水月，僅在別人的感官上留下短暫的美感，而內在的氣質美卻會在眾人心靈中留下無窮的品味、永久的回憶。

如果一個女人只知道穿著打扮和逛街泡酒吧，那她根本算不上是一個有氣質的女人。因為她生活的內涵是空虛的，同時，她人生的底蘊也是單薄的。

第一章　做自己的公主：愛別人先要愛自己

　　以前有許多男人覺得女人長得漂亮就是有魅力，而現在則有更多的男人認為，女人的魅力包含了女人內在的氣質。

　　有一句話說得好：漂亮的女人，如果沒有智慧，活不好：智慧的女人，如果不漂亮，則活得不開心。

　　有位中年婦女發現丈夫對自己越來越不感興趣，常常尋找一些藉口出去應酬，回到家裡還有意無意的大談他公司的女助手如何如何。因此，她對著鏡子痛惜自己青春已逝。後來，她決定到美容院去做一次美容手術，讓金錢幫助自己恢復逝去的魅力。結果，專家憑藉著高超的技藝，的確為她恢復了昔日的光彩。她欣喜若狂歡呼現代科技的傑作，並高傲的在人前晃來晃去，以顯示她那風情萬種的婀娜多姿。

　　但是，當丈夫回家後，她迎了上去，本想用昔日的熱吻喚醒他對往昔的回憶，然後再展示一下自己的姿容。萬沒有想到的是，丈夫好像沒有看到她似的，一邊脫外衣一邊滔滔不絕大談他的女助手是如何的富有感染力，在今天的商業談判中影響了客戶的情緒，使一項本來很棘手的生意變得輕而易舉。

　　「這個女助手一定是一個很性感、很年輕、很迷人的狐狸精，否則怎麼會讓他這般著迷。」於是，她決定去見一見這個女人。一次，她得知丈夫要和女助手一起去參加一個商業沙龍，便執意要跟隨丈夫一起去，無可奈何的丈夫只好答應。一路上她都在想像中描繪這位女助手的容貌和身材的曲線。

　　可是，相見之下，她卻大吃一驚。那位女助手既不年輕，也不美麗，更無法和性感的自己劃上等號。但是，毋庸置疑的是：所有接近這個女助手的人都毫無例外受到強烈的吸引和感染。甚至連嫉恨在心的自己也無法抗拒她性格的魅力。在事業上富有新穎獨特的創意、巧於周旋的幹練和自

信樂觀的感染力，淵博的學識，詼諧幽默的話語，讓她顯得既親切溫柔，又瀟灑得體。所有這些，都透過她逝去的容顏閃爍著生命的內在光芒，而這，是任何一位技藝高超的美容師都無法創造的。

妻子終於悟出了一個真諦：誰也無法抗拒歲月的印痕，青春和容貌的魅力不會永存，只有豐富的文化內涵和閱歷所賦予的氣質與魄力，才是無與倫比的恆久魅力，它隨時間的積累而與日俱增。

青春的美貌漂亮一時，瀟灑的氣質美麗一世。

脫俗的氣質具有最深刻的震撼力量，它往往來自人生的千錘百煉和不斷實踐，才煥發出鮮活的氣息。

西方諺語說：「一個平凡的女子或許永遠不會成為王妃，但她至少能不斷的夢想。」

只有不斷的夢想，不斷的去嘗試努力，才能呈現出一個女人的脫俗魅力。而這才是她在追求中，不斷學習後真正積累起來的一筆豐厚的財富。

愛上一個不完美的自己

一個健康而成熟的人有自己的人生態度，其中最重要的就包括「愛自己」。這不是在宣揚驕傲自滿，這是在要求我們對自己有清醒的認識，看清我們的本來面目；同時要自愛，維護自己的尊嚴。心理學家亞拉伯罕·馬斯洛（Abraham Harold Maslow）曾在自己的《動機與人格》一書中提及「接受自己」這個概念。他說：「新動力心理學中有幾個主要概念，那就是：自主性、釋放、人性、接受自我、推動意識和滿足感。」

成熟的人不會在夜裡輾轉反側把自己的缺點和人家的優點比較，他會正視自己工作上的失誤和自己的缺點，但他對自己的目標十分明確，對自

第一章　做自己的公主：愛別人先要愛自己

己的幹勁也十分滿意。他不僅了解自己的缺點，還試著花時間去改正它。他像寬容別人一樣寬容自己，不讓自己在痛苦中掙扎。

我們像喜歡別人一樣喜歡自己很重要嗎？心理學家說，我們不喜歡自己就沒辦法喜歡別人。有些人厭煩任何東西，憎恨所有人，其實，這正表現出他對自己十分沒有信心，有強烈的自棄傾向。

教育工作應該幫助人們接受自己，培養他們健康的人生觀。他在書中說，教師們的生活中充滿了掙扎、滿足、希望和頭痛等情緒。可見，認識自我對每個人都有同等的重要性。

美國醫院一半以上的病床上都躺著神經科病人，他們對自己有很嚴重的厭棄感。還有很多人忍受著精神或神經方面的折磨，甚至有一些病人想不開，不想活下去。造成我們靈魂生病的原因就是在這個競爭異常激烈的社會中對成功和名望的渴求。總想超過別人，所以強逼自己拼命的工作。

羅伯特・懷特（Robert Wight）先生在書中說到現在很流行的「調整自己，適應周圍的壓力是人的分內之事」的觀點。懷特先生說：「這種慣性思維從產生的那天起，一直流行到今天，這使得有些人超過了某個人而使自己變得很狹隘。思維方式僵化，思想受到束縛，使自己被迫充當某種人生角色。但是，成功是需要靠自己的力量去成長、去完善、去實現、去創造的，你要腳踏實地、有創建性的去行動。一句話，成功靠的是自己開創性的行動。」

很少有人能勇敢的獨自站出來，也沒有幾個人懂得，我們所支援的東西到底有何意義。很多時候，社會和自己的經濟地位決定著我們的行為。我們做日常之事的方式幾乎與我們的鄰居一樣。如果我們感覺自己不適應周圍的環境，就會感覺非常痛苦，就開始神經過敏，感到失落和迷惘，甚至厭棄自己。

　　一位女士，她的丈夫是一名成功的律師，有能力，有野心，而且控制慾也很強。在丈夫和她朋友的眼中，在社會上有顯赫的名望就是成功的標準。她為人謙虛而溫和，在這樣的氣氛中，她感覺自己很渺小。沒人會看到，也沒人懂得欣賞她所擁有的美德。她開始懷疑自己是否有能力。日復一日，她感覺越來越壓抑，他們的那種標準是自己永遠無法企及的，她開始厭棄自己。

　　解決這個問題的辦法就是：不去改變周圍的環境而是改變自己。擺脫那種根據別人的標準改變自己的壓力，自信的面對自己。要知道，每個人活著都有某種特定的意義。要相信，人並非是為了別人活著，而是要為自己活，活出自己的價值，這樣，她才會充滿自信。

　　找回自信的第一步就是：不要用別人的標準來審視自己。明白自己的價值，按自己的標準去生活，學會如何輕鬆對待自己，不要過於批評自己。

　　那些人之所以厭棄自己就是因為他們過分批評了自己。我們知道，適度自我批評是健康而有建設性的，自我完善十分必要。但是，如果超過了一定的度就會適得其反，從而阻礙我們前進。

　　一個女孩子說自己講得一點都不好，離自己的期望總是很遠。她說自己一開始講話就立刻意識到自己不像班裡的其他人一樣鎮定而自信，又害怕又害羞。想到自己的這些毛病時，就更沒信心了。最後，她根本無法把心裡想說的話說出來。

　　其實，每個人不能老想著自己的缺點，講演的失敗就在於缺乏對自己理性的審視，而不在於自己身上有缺點。

　　不是我們的缺點毀了一次演講或一個藝術創作。莎士比亞的劇本裡有很多史地方面的錯誤，狄更斯的小說裡有很多無病呻吟的傷感句子。可

第一章　做自己的公主：愛別人先要愛自己

是，那些缺點完全不能影響這些偉大作品的美。與它們震撼人心的美相比，它們的缺點顯得那麼微不足道。我們愛朋友也是因為他們的美德，而不是他們的缺點。

要實現自己的抱負就得靠我們的長處。我們必須克服困難，改正缺點，然後忘記那些缺點，輕鬆上路。

以往的錯誤和現在的弱點使我們有很深的負罪感和自卑感，這是一種十分糟糕的心理狀態。當陷入這種情緒之中時，我們羨慕別人，厭棄自己。我們應該做的是拋開所有過往，勇往直前。

要想學會欣賞自己，就要能容忍自己的缺點，這並不是要我們降低標準，不負責任混日子，而是要我們明白：包括我們自己在內，沒有人總能保持十全十美的狀態。這麼期望別人不公平，這麼期望自己就是十足的愚蠢。

一位女士，她是個十足的完美主義者，她挑剔自己做的每一件事。工作上，她在對手面前是驕傲的勝利者，她會花上幾個小時苦思冥想每一份報告。發言時，她沒完沒了，使得聽眾精疲力竭。那些不請自來的客人在她家從來都得不到熱情的招待。她總是在家中有聚會前事先安排好每一個細節。通過努力，這位女士在每件事上都做到了完美。她犧牲了快樂和溫暖換取了她那乏味的完美。

強迫自己保持完美和自虐並無區別。我們和別人一樣好還不行，我們還一定要超過別人，我們要像黑暗中閃爍的星星那樣發著閃亮的光。我們是在和別人比試，而不是在以自己的才能去工作，我們只會在意別人是不是像崇拜偶像一樣崇拜我們的完美。所以說，完美主義者也和普通人一樣會失敗，但他們不能面對自己已經失敗的現實，他們憎恨自己，卻不能戰勝失敗。

不必期待每一個人的讚許

對於一件事情是否應該去做，如果你去徵詢十個人的意見，通常會有七個人說「不能做」，兩個人說「不好說」，表示贊同的人最多只有一個。這就是經濟學上有名的「一二七法則」。絕大多數女孩之所以最終沒有成為成功者，就是因為深受「一二七法則」的左右，陷於其中而無法自拔。

有一位大學教授，曾舉例說明男、女學生處理問題時的不同態度。他說，有一次美國的學校舉行考試，其中一道試題是：在時鐘的兩點到三點之間，時針和分針什麼時候重疊？結果，許多女學生都用公式計算，在那裡埋頭列著繁瑣的算式，費了好大勁，仍未得出結果；而許多男學生都撥錶，一下子就得出了答案。

這位大學教授不無感慨的說：「人家本來就沒有限制你用什麼方法去得出結論，你為什麼不用最簡單、最實際的方法去做呢？」

當然，你決定走新路的時候，一定會面對各種各樣的困難。有時候，連你最親近的家人和朋友也會「背叛」你，反對你，你必須勇敢的堅持己見。只要你能用自己的實際行動取得成功，證明自己是正確的，反對聲自然就會煙消雲散了。

要想成為現代的自信女孩，一定要努力培養自己的主見和獨立性，不要讓別人（或自己）的消極想法影響你的行為和事業。

莫妮卡‧狄更斯二十幾歲時雖然已是有作品出版的作家，可是仍然舉止笨拙，常感自卑。她有點胖，不過並不明顯，但那足以使她覺得衣服穿在別人身上總是比較好看。她在赴宴會之前要打扮好幾個小時，可是一走進宴會廳還是會感到自己一團糟，總覺得人人都在對她評頭論足，在心裡恥笑她。

19

第一章　做自己的公主：愛別人先要愛自己

有個晚上，莫妮卡忐忑不安的去赴一個不太熟悉的人的宴會，在門外碰見另一位年輕女士。

「你也是要進去的嗎？」

「大概是吧，」她扮了個鬼臉，「我一直在附近徘徊，想鼓起勇氣進去，可是我很害怕。我總是這樣子。」

為什麼？莫妮卡在燈光照映的門階上看看她，覺得她很好看，比自己好得多。「我也害怕得很！」莫妮卡坦言，她們都笑了，不再那麼緊張。她們走向前面人聲嘈雜、情況不可預知的地方。莫妮卡的保護心理油然而生。

「你沒事吧？」她悄悄問道。這是她生平第一次心不在自己而在另一個人身上。這對她自己也有幫助，她們開始和別人談話，莫妮卡開始覺得自己是這群人中的一員，而不再是個局外人。

穿上大衣回家時，莫妮卡和她的新朋友談起各自的感受。「覺得怎麼樣？」

「我覺得比先前好。」莫妮卡說。

「我也如此，因為我們並不孤單。」

莫妮卡想：這句話說得真對！我以前覺得孤立，認為其餘的人都自信十足，可是如今遇到了一個和我同樣自卑的人。原來，我因為讓不安全感吞噬了，根本不會去想別的，現在我得到了另一啟示：會不會有很多人看來意興高昂，談笑風生，但實際上心中也忐忑不安？

莫妮卡常為其供稿的一家報館有位編輯，總讓她覺得有些粗魯無禮，問他問題，他只隻字答覆，莫妮卡覺得他的目光永不和自己的接觸。她總覺得他不喜歡自己，現在，莫妮卡懷疑會不會是他怕自己不喜歡他？

第二天去報館時，莫妮卡深吸一口氣，對那位編輯說：「你好，安德森先生，見到你真高興！」

莫妮卡微笑抬頭。以前，她習慣一面把稿子丟在他桌上，一面低聲說道：「我想你不會喜歡它。」這一次莫妮卡改口道：「我真希望你喜歡這篇文章。大家都寫得不好的時候，你的工作一定非常吃力。」

「的確吃力。」那位編輯嘆了口氣。莫妮卡沒有像往常那樣匆匆離去，她坐了下來。他們互相打量，莫妮卡發現他不是個咄咄逼人的編輯，而是個頭髮半禿、其貌不揚、頭大肩窄的男人，辦公桌上擺著他妻兒的照片。莫妮卡問起他們，那位編輯露出了微笑，嚴峻而帶點悲傷的嘴變得柔和起來。莫妮卡感到他們兩人都覺得自在了。

後來，莫妮卡的寫作生涯因戰爭而中斷。她去接受護士訓練，再次感覺到醫院裡的人個個稱職，只有她手腳笨拙，學得慢，穿上制服看來仍全無護士的感覺，引來許多病人抱怨。「她怎麼會到這兒來的？」莫妮卡猜他們一定會這樣想。

工作繁忙加上疲勞，使莫妮卡不再胡思亂想，也不再繼續發胖。她開始感覺到與大家打成一片的喜悅，她是團隊的一分子，大家需要她。她看到別人忍受痛苦，遭遇不幸，覺得他們的生命比自己的還重要。

「你做得不壞。」護士長有一天對莫妮卡說。莫妮卡暗喜：她原來在稱讚我！他們認為我一切沒問題。莫尼卡忽然驚覺幾星期來根本沒有時間為自己是否稱職而發愁擔憂。

不要過分關心別人的想法。你過分關心「別人的想法」時，你太小心翼翼想取悅別人時，你對於假想的別人不友好過分敏感時，你就會有過度的否定回饋、壓抑以及不良的表現。最重要的是，你對別人的看法不必太在意。

把眼光盯住別人不放，以別人的方向為方向，總難超越別人。要想有成就，你得自己開路，而你所開的路是你自己的理想、見解與方式，所以

第一章　做自己的公主：愛別人先要愛自己

是你所獨有的。美國有一位極令人敬佩的年輕黑人女士，她的芳名是羅莎‧帕克斯。1955 年的某一天，她在阿拉巴馬州蒙哥馬利市搭乘公車，理直氣壯的不按該州法律規定讓位給一位白人。她這個不服從的舉動造成軒然大波，招來白人強烈的抨擊，然而卻也成為其他黑人效仿的榜樣，結果掀起了隨後的民權運動，使美國人民的良知普遍覺醒，為平等、機會和正義重新界定出不分種族、信仰和性別的法律。羅莎‧帕克斯當時拒絕讓位，可曾想過自己會遭遇什麼樣的後果？她是否有什麼能夠改變現有社會結構的高明計畫？我們不知道。然而我們相信，她對這個社會抱有更高的期許，促使她採取了這種大膽的行動。誰能想到這個弱女子的決定，卻給後人帶來深遠的影響？

我們應該成為主宰自己生命的人。千萬不要因他人的論斷而束縛了自己前進的步伐。追隨你的熱情，追隨你的心靈，唱出自己的聲音，世界因你而精彩。

珍愛自己的健康

健康的身體是美麗的保證和載體。有許多女性只是癡迷的追求美，忽視了健康儲蓄意識，不知不覺患上各種文明病。一旦失去健康，嫵媚、雅致和風情萬種就與你無緣了。

大多數的女人，在慷慨大度的向人間奉獻愛的時候，她們太不愛一個人了。

那就是她們自己。所有的女人都是一樣，在談戀愛的時候會很看重彼此的這段感情，以至於都失去了自我；在結婚後又會只注重自己的老公和孩子，很少能想到自己。

（一）愛家人，首先要愛自己

你也許正在因自己為家庭、老公、孩子的付出而感到驕傲，但要提醒你，在這之前你好好的愛自己了嗎？如果你沒做到，那麼你的無私付出就是徒勞的。太愛一個人，就會被他牽著鼻子走，如被魔杖點中，失去了自我。從此，你沒有了自己的思想，沒有了自己的喜怒哀樂……不要愛一個人愛得渾然忘卻自我。那樣全身心的愛只應出現在小說裡，這個社會越來越不歡迎不顧一切的愛。給他呼吸的空間，也給自己留個餘地。飛蛾撲火的愛情，正在進行時固然讓人覺得壯美，但若他成為過去時，你如何收拾那一地的狼藉？投入那麼多，你能否面對那慘重的損失？

作為女人，我們真得很重要。我們一生中要承擔多重角色，女兒、女友、妻子、母親……對每個角色我們都要盡善盡美，一如我們心底對自己的要求和願望。當你戀愛時，愛你的身體；當你結婚時，愛你的氣質和容顏。我們快樂，家庭就會安定和充滿活力；我們安詳，全世界都會感到和諧寧靜；我們幸福，所有的人都會受到感染，因為我們的影響無處不在。

所以，女人一定要關愛自己。愛自己，就是要珍視自己的健康，讓自己有充沛的精神和體力來享受生活；愛自己，就是接受自己的角色，充分享受這個性別賦予你的天賦的優雅與從容；愛自己，就是懂得自己的需要，安排好自己的生活，維護好生命中最重要的東西；愛自己，就是經營好自己，做自己最想成為的人，讓自己漂亮、快樂起來。女人們，給我們自己留一點享受的時間和空間吧。不要一拖再拖，不要一等再等，應該從今天開始，從現在開始！

第一章　做自己的公主：愛別人先要愛自己

（二）健康飲食

近些年來國內外的一些營養專家發現，一些食物注重「搭配」食用，不僅使人體更有效的吸收營養，而且還有一定的防病治病效果。

據有關醫學專家介紹，人體免疫系統每天都要面臨各種各樣病毒的侵害，最常見的要數感冒病毒。有資料統計表明，各種不同的感冒病毒多達200種，而人體免疫系統在面對不同病毒的侵害時難免會「疏於防範」。一旦人體免疫系統薄弱時，感冒病毒便會乘虛而入。天氣變化、過度疲勞、精神緊張以及長期處於封閉環境中都會造成人體免疫力下降，而對付感冒病毒最有效、也最健康的方法是在日常飲食中合理搭配，提高自身的免疫力。

學習健康知識其實很簡單，不用花多少錢多少時間，就能獲得。健康就在身邊，健康就是順應自然，順應天時：順勢而為，順水推舟；生活規律，飲食均衡：什麼都吃，適可而止；粗茶淡飯，青菜豆腐；有粗有細，不甜不成：三四五頓，七八分飽；飯前喝湯，苗條健康；飯後喝湯，越喝越胖：早飯淡而早，午飯厚而飽，晚飯須要少；三個半小時，三個半分鐘：一二三四五，紅黃綠白黑；運動三五七，步行是最好；天天三笑容顏俏，七八分飽人不老：相逢借問留春術，淡泊寧靜比藥好……這段順口溜中，字字句句都與吃有關，可見飲食的合理性對身體是多麼的重要。

（三）拒絕垃圾午餐

如今，以美式速食為代表的油炸食品，充斥著全世界範圍內的速食行業，不管男女老少都或多或少的受到了這一「垃圾」的侵襲。一個美國人做了一個全身檢查，醫院給他出的體檢證明是：全身各項機能都正常。然後他連續吃了三個月的速食（肯德基、麥當勞等），又上醫院檢查的時

候，發現身體各項機能都不達標了，患上了許多疾病，所以吃垃圾食品的危害不僅僅是發胖。

英國人幾年前就已經開始理性的審視自己的食物和健康，並明確表示要抗拒速食。「以吃速食為恥」，成為了眾多英國人的座右銘。他們有了飲食新主張，各種新鮮水果和堅果，已經成為了英國人為推崇的日常零食，而鮮果汁和純淨水則是人們較多選擇的飲料。在英國人的菜單上，各類豆製品、胡蘿蔔、甜薯以及甜菜根，開始佔據越來越重要的地位。

寬容自己是女人最大的解放

當你懂得了寬容自己，也就解放了自己。當你能輕鬆的開始每一天的日子，幸福就已經在向你招手了。

有一個原本十分保守的女孩子，在一次外出郊遊過程中，由於一時衝動，沒有把握好自己，與當時熱戀中的男友有了性行為。如果他們真正結合也就好了，可是由於他們的性格差異，他們並沒有一起牽手走上紅地毯。女孩對自己曾經的行為十分自責，她痛恨自己的意志不堅定，也痛恨那個讓她覺得「恥辱」的晚上。她對自己的失貞總是念念不忘，使她在後來的人生中十分不幸。她不能寬恕自己，也不能接受別人，以至於四十歲的時候還是獨身一人。

還有另一個因為不能寬恕自己而終生不幸的人。一年夏天，小燕去村前的小河邊洗衣服，由於家裡忙，沒有人幫她照看小孩，她就把剛剛會爬的兒子也帶了去，讓他在河邊不遠的草地上玩。也許是她太專注手裡的活計了，孩子爬到河邊的時候她還沒有發覺。當她洗完衣服再去找尋孩子的時候，孩子已經跌入水中有一個小時了。兒子的意外死亡對她打擊很大。

第一章　做自己的公主：愛別人先要愛自己

她始終不能放棄對自己「失職」的憤恨，日久積怨，最後成了魯迅筆下祥林嫂一樣的人物。

從這兩個故事可以看出，當一個女人不能寬恕自己，那麼她就不可能得到幸福。在她對自己進行懲罰的那一刻，也是在懲罰著自己的親人，以及愛著她的朋友。過去的事情已經成為過去，無論再怎麼傷心都於事無補，那麼為什麼不能寬恕過去的錯誤，以一種新的姿態面對生活呢？其實，當你寬恕了自己，你就會很容易的走出去，看風清雲淡，看天高水遠。

我曾經聽朋友講過這樣的一個故事。

有一位虔誠的女信徒，每天都從家中帶一些鮮花到寺院供佛。然而，她總是為做過的事後悔不已，經常感覺到自己一無是處，心情煩躁，因此常常愁悶不堪。

這天，當她把鮮花送到佛殿時，正遇到無德禪師，便對他說：「我每次送花供佛時，就自覺心靈像清泉洗滌過一般清涼，但回到家中，卻又亂如絲麻了，希望有機會像你們一樣在禪院過一段晨鐘暮鼓、修身養性的寧靜生活，那對我來說就是最大的幸福了。」無德禪師聽後一言不發，只是將她領到一座禪房中，落鎖而去。

婦人不明白怎麼回事，氣得用力踹門，隨後又連罵帶吵。罵了許久，無德禪師也不理會。婦人又開始哀求，無德禪師仍置若罔聞。

等婦人沉默後，無德禪師來到門外，問她：「你不是要來禪院尋找幸福嗎？現在身在禪院，為什麼還後悔？」婦人說：「我在罵我自己，怎麼會到這種地方來尋找幸福，簡直瞎了眼，我現在後悔極了，我覺得我真是不可原諒，不可救藥，竟然犯這樣的錯誤。」」

無德禪師聽後說：「你連自己都不肯原諒，還未達到心如止水的境界。」說完拂袖要走。婦人急忙說：「我現在確實不生氣了。」

無德禪師問：「為什麼？」婦人說：「氣也沒有辦法呀。」

「如此看來，你並非是真不生氣，而是把氣壓在心裡，這樣爆發後將會更加劇烈。」無德禪師又離開了。

無德禪師第二次來到門前，婦人告訴他：「我想通了，這確實不值得氣。」

「還知道值不值得，可見心中還有衡量，還是有氣根。」無德禪師笑著問她，「你常以鮮花獻佛，想必你一定知道如何使花朵保持新鮮吧？」婦人非常高興的說道：「保持花朵新鮮的方法，就是每天換水，並且在換水時要剪去腐爛的花梗。因為這截花梗不易吸收水分，花朵就容易凋謝。」

無德禪師道：「這就對了。心靈好比是花，它生活的環境就像花瓶裡的水。要保持一顆清淨的心，唯有不停的清理那些腐爛的、會影響我們身心變化的雜念，要原諒自己，你才能過上開心的日子。那樣的話，你的身體是寺宇，脈搏是鐘鼓，兩耳是菩提，無處不寧靜，不必到寺院中生活即能享受到幸福。否則，你身在寺廟也無法幸福。」

婦人聽後猛然醒悟：「原來幸福就是從寬容自己開始。」

是的，當你懂得了寬容自己，也就解放了自己。當你能輕鬆的開始每一天的日子，幸福就已經在向你招手了。

第一章　做自己的公主：愛別人先要愛自己

▌愛情不是你的全部

　　身為女孩，愛情是理所當然的神聖，不可褻瀆，但自信的女孩懂得，愛情並不是幸福人生的全部。

　　一位知識女性，她深愛著她的丈夫，但是，她愛她丈夫的時候也沒忘記珍愛自己。她丈夫常年在外經商，但他們的感情十分融洽，從未有過一絲半點的裂縫。有人問：你不擔心他在外面尋花問柳嗎？這位女士回答：我和他的愛從來都是平等的。從接受他的那天起，我就給了他信任，我愛他但不苛求他。我希望他成功完美，但我從未把自己的一切抵押在他身上，我擔心什麼呢？

　　男人往往就是這樣：你過於看重他，也就是昭示他可以輕而易舉的主宰你的感情和幸福了！在這一點上你首先就輸了。而感情是最在乎尊重和平等的。不用說，有這種見的和胸懷的女孩，男人自然會感到她的可愛了。因為男人愛上一個女孩的同時，並不希望在愛的約束下喪失自己的一方世界，男人在乎愛情的默契、寬容和理解。因為這種愛不至於阻止男人自由的闖蕩人生 —— 畢竟，在男人的眼裡，愛情並不能代表人生的全部。

　　女孩常常在愛情中傾其所有，把自己一生的幸福系於愛情之上，這是一種錯誤的方式，它對愛情有百害而無一利。其實，愛情也要劃清界限。真正的愛情，是需要分清你我的，你的時間、你的事業、你的隱私、你的想法、你的空間……愛情是一種感受，產生愛情沒有固定的模式，留住愛情卻有許多規律可循。適時劃清界限是愛情和婚姻的保溼因數。

　　生活中，許許多多的女孩成了生活的附屬品，成了悲劇的主角。歸結其原因，根本一點就是她們愛得太投入了，以至於有一天夢中醒來，名

譽、財富、愛情也全部不見了。

克洛岱爾（Camille Claudel）就是這方面的一個悲劇主角，她是雕塑大師羅丹（Auguste Rodin）的學生兼情人。

在羅丹第一次見到克洛岱爾時，就愛上了她。這一半由於她那帶著野性的美，另一半則由於她罕見的才氣。而同時，克洛岱爾也主動的向這位比自己年長 24 歲的男人，敞開了自己純淨和貞潔的少女世界。這完全是由於羅丹的天才吸引了她，因為男人的魅力就是才華。羅丹的一切天性都從屬於雕塑 —— 他炯炯的目光、敏銳的感覺、深刻的思維，以及不可思議的手，全都為了雕塑而生，而且時時刻刻都閃耀出他超人的靈性與非凡的創造力。雖然當時羅丹還沒有太大的名氣，但他的才氣已經咄咄逼人。於是，他們很快的相互征服。正當盛年的羅丹與洋溢著青春氣息的克洛岱爾，如同疾風暴雨，烈日狂潮般，一同進入他們愛情的酷夏。同時，羅丹也開始了他藝術創作的黃金時代，而克洛岱爾不過是青澀的學生。

而對於克洛岱爾來說，她所做的，是要投身到一場需付出一生代價的殘酷的愛情遊戲中去。這是一場賭博。因為，羅丹有他長久的生活伴侶羅絲和兒子，但是已經跳進漩渦而又陶醉其中的克洛岱爾不可能回到岸邊重新選擇。她和他只得躲開眾人視線，在公開場合裝做若無其事的樣子，尋找任何一個可能的機會，一點空間和時間，相互宣洩無盡的愛與無法克制的欲望。從學院小路到大理石倉庫，到鶯歌路的納布林別墅，再到佩伊思園……在工作室幽暗的角落裡、在躺椅上、在滿是泥土的地上，兩個人沉浸在無比美妙的情愛中。

羅丹曾對克洛岱爾說：「你被表現在我的所有雕塑中。」可以看出，克洛岱爾不僅給羅丹一個純潔而忠貞的愛情世界，還給了他感悟藝術的一切。無論是肉體的、情感的，還是心靈的，克洛岱爾給羅丹的太多了。

第一章　做自己的公主：愛別人先要愛自己

後來，羅丹名揚天下，克洛岱爾卻一步步走進人生日漸昏暗的陰影裡。克洛岱爾不堪承受長期廝守在羅丹生活圈外的那種孤單與無望，這種感覺竟糾纏了她 15 年，最後精疲力竭，頹唐不堪，終於離開了羅丹，遷到一間破房子裡，離群索居。她拒絕在任何社交場合露面，天天默默的鑿打著石頭。儘管她極具才華，卻沒有足夠的名氣。人們仍舊憑著印象把她當做羅丹的一個弟子，所以她賣不掉作品，貧窮使她常常受窘並陷入尷尬，還要遭受雇來幫忙的粗雕工的欺侮。

這期間，羅丹卻已接近成功。他屬於那種活著時就能享受到果實成熟的藝術家。他經歷了與克洛岱爾那種迎風搏浪的愛情生活後，又返回平靜的岸邊，回到了在漫長人生之路上與他分擔過生活重負與艱辛的羅絲身旁。他買了大房子，過起富足的生活，並且又在巴黎買下了文藝復興時期的豪宅別墅，以應酬上流社會那些千奇百怪、光怪陸離的人物。這期間，還有幾個情人曾進入了他華麗多彩的生活。當然，羅丹並沒有忘記克洛岱爾。他與克洛岱爾的那場轟轟烈烈、電閃雷鳴般的戀愛是刻骨銘心的。他多次想幫助她，都遭到高傲的克洛岱爾的拒絕。他只有設法通過第三者在中間迂回，在經濟上支援她，幫助她樹立名氣。但這些有限的支持對於克洛岱爾而言，是一種屈辱，是一種更大的傷害。

在絕對的貧困與孤寂中，克洛岱爾真正感到自己是個被遺棄者了。這種感覺對於她而言如同刀子，往日的愛與讚美也都化為了怨恨。她本來激情洋溢的性格，逐漸變得消沉下來。

一九〇五年，克洛岱爾出現妄想症，身體狀況很差，脾氣乖戾，狂躁起來會將雕塑全部打碎。一九一三年三月三日，克洛岱爾的父親去世，克洛岱爾已經完全瘋了。她脫光衣服，赤裸裸披頭散髮坐在那裡。

克洛岱爾從此與雕刻完全隔離，藝術生命就此完結。一九四三年，她

在蒙特維爾格瘋人院中去世。

在瘋人院裡保留的關於克洛岱爾的檔案中註明：克洛岱爾死時沒有財物，甚至連一件紀念品也沒有留下。克洛岱爾自己也認為羅丹把她的一切都掠走了。那麼克洛岱爾本人留下了什麼呢？克洛岱爾的弟弟、作家保羅在她的墓前悲涼的說：「卡米爾，你獻給我的珍貴禮物是什麼呢？僅僅是我腳下這一塊空空蕩蕩的土？虛無！一片虛無！」

依附男人是阻礙女孩獨立和成功的最大障礙，不論一個女孩多麼富有才華和智慧，總是容易在感情上受到致命傷害，而找不到正確的人生航向。天才少女克洛岱爾為她的導師和情人羅丹奉獻得太多了。她喪失了自己的獨立性後，失去了太該屬於自己的盛名和財富，到最後連愛情都失去了，可以說她鑄成了自己的人生悲劇。

女孩對感情的期望值往往很高，甚至有一種不屈不撓、執迷不悟的堅韌與癡迷。要知道愛情為女孩所贏得的世界是有限的。如果女孩能將身心從一個男人那裡儘早轉向整個世界的話，那麼這個女孩的人生必將是豐富充實而色彩斑斕的。

第一章　做自己的公主：愛別人先要愛自己

第二章

快樂一念間：幸福女人要有顆快樂

的心

第二章 快樂一念間：幸福女人要有顆快樂的心

掌握快樂的祕訣

　　人們通常會說：幸福是一種抽象的感受，而美國一家把快樂作為研究目的科研機構得出結論，快樂與年齡、性別和家庭背景無關，而是來自一個輕鬆的心情和健康的生活態度。研究者透過對生活得輕鬆而快樂的人的研究，總結了十條在生活中令自己快樂的祕訣。即：不抱怨、不貪圖安逸、感受友情、用心工作、降低負面影響、樹立生活理念、給自己加油、生活規律、珍惜時間和心懷感激。

* **不抱怨生活**：快樂的人並不比其他人擁有更多的快樂，而是因為他們對待生活和閒難的態度不同，他們從不問「為什麼」，而是問「為的是什麼」，他們不會在「生活為什麼對我如此不公平」的問題上做過長時間的糾纏，而是努力去想解決問題的方法。

* **不貪圖安逸**：快樂的人總是離開讓自己感到安逸的生活環境，快樂有時是離開了安逸生活才會積累出的感覺，從來不求改變的人自然缺乏豐富的生活經驗，也就難感受到快樂。

* **感受友情**：廣交朋友並不一定帶來快樂感，而一段深厚的友誼才能讓你感到快樂，友誼所衍生的歸屬感和團結精神讓人感到被信任和充實，快樂的人幾乎都擁有團結人的天才。

* **勤奮工作**：專注於某一項活動能夠刺激人體內特有的一種荷爾蒙的分泌，它能讓人處於一種愉悅的狀態。研究者發現，工作能發掘人的潛能，讓人感到被需要和責任，這給予人充實感。

* **降低負面影響**：少接受些有關災難、謀殺或其他的負面消息，這樣，無形中就保持了對世界的一份美好樂觀的態度。

* **生活的理想**：快樂的人總是不斷為自己樹立一些目標，通常我們會重視短期目標而輕視長期目標，而長期目標的實現能給我們帶來快樂感受，你可以把你的目標寫下來，讓自己清楚的知道為什麼而活。

* **給自己動力**：通常人們只有透過快樂和有趣的事情才能夠擁有輕鬆的心情，但是快樂的人能從恐懼和憤怒中獲得動力，他們不會因困難而感到沮喪。

* **規律的生活**：快樂的人從不把生活弄得一團糟，至少在思想上是條理清晰的，這有助於保持輕鬆的生活態度，他們會將一切收拾得有條不紊，有序的生活讓人感到自信，也更容易感到滿足和快樂。

* **珍惜時間**：快樂的人很少體會到被時間牽著鼻子走的感覺，另外，專注還能使身體提高預防疾病的能力。因為，每三十分鐘大腦會有意識的花九十秒收集資訊，感受外部環境，檢查呼吸系統的狀況以及身體各器官的活動。

* **心懷感激**：抱怨的人把精力全集中在對生活的不滿之處，而快樂的人巴注意力集中在能令他們開心的事情上，所以，他們更多感受到生命中美好的一面，因為對生活的這份感激，所以他們才感到快樂。

▌快樂是女孩的本事

快樂無處不在。女孩的快樂不一定要來自他人，當然，會有人給女孩帶來快樂。但別人偶有疏忽，或者放棄的時候，那就要看女孩自己的能力了。當女孩已經沒了用場，風韻不在，情愛消失，風燭殘年，快樂的女孩根本不用慌張，不要埋怨，甚至於根本就不必多想。女孩來到這個世界上，本來就是自己的事兒，快樂與否，也是自己的事兒，別人是無法替女

第二章　快樂一念間：幸福女人要有顆快樂的心

孩帶來真正的快樂的。女孩能為自己著想，就是快樂。從女孩一踏上這人生的路時，就得有足夠的準備和裝備，來對付這人類之間的愛與不愛，好與不好，快樂與不快樂。

女孩想到要讓自己快樂，大多是自己不怎麼快樂的時候，或者就是很痛苦的時候。

生活裡，有許多東西人是無法改變的，或者說，與其要改變生活裡別的東西，不如改自己。比如說，痛苦與歡樂總是不期而至。一般女孩就是將其一生的愉悅只寄託於外界事物上，也就是財產、地位、男人、朋友、父母、子女等等，一旦失去了這些，便是個打擊，令人失望，她的幸福和快樂的所有根基也就隨之毀壞了。類似於這樣的將個人的重心都交付於人的每個欲念和幻想，交付於世俗的認同和他人的評判，而不把重心放在自己的身上，與人類的快樂的根源相距遙遠。

如果一個女孩的快樂的根源在於金錢和由金錢帶來的顯赫地位和揮霍的生活，那並不是很難的。尤其是對於漂亮女孩來說，有幾幢別墅，幾輛名車，幾匹好馬和幾個男人，幾個有趣味的朋友更是唾手可得，但這所有的快樂根源都是根植於外在事物中的。我們可以把這個女孩比做一個依靠藥水甚至是大補的靈丹妙藥而重新獲取健康的病人，她一旦離開藥罐就要一命嗚呼。

一個女孩，沒有出眾的美貌；沒有可供其揮霍的金錢、沒有顯赫的地位；沒有顯著的才華；有某些愛好卻並不精於此道；有某種特長卻並不很吃香；做一些學問，讀一些書本，看得懂一些事情，想得明白一些問題；沒有熱情就感到生活的冗長無味，一有熱情就感到生活的苦痛沉重。對於大多數女孩來說，這一切無法構成快樂，就像許多女孩不得已生育孩子一樣。然而，做女孩的樂趣，也是在這些痛苦裡滋生的。

　　女孩在被迫接受某些不得不接受的痛苦時，在執行自己和他人的意志或命令之外，女孩還要有能力讓自己過另一種日子，聰明改變自己又主宰自己的生活。

　　快樂的女孩錢不多，但有的是閒暇、閒情；快樂的女孩即使沒閒暇、閒情，也會用心智來創造愉悅和熱情。快樂的女孩，首先要做的，就是找到自己最情願做的和最容易做的事。

　　快樂的女孩也許不是出色的女孩，但她卻是掌握人生要義的女孩。假如一個漂亮的女孩不快樂，那麼她們的漂亮又有什麼意義？

　　一日，問一位成功男士他最欣賞哪種女孩？我已在心裡預備好了幾種答案。可沒有想到，這位男士卻說：快樂的女孩最可愛。

　　原本設想的那些答案一個也沒用上，這位男士絕口沒提漂亮、能幹、堅強等，而是避開它們選擇了一個最普通的字眼。

　　其實在現實生活中，有許多女性都一直渴望自己能成為一個漂亮、能幹且堅強的女孩，而卻忽略了如何成為一個快樂的女孩。那位男士說漂亮、能幹的女孩固然好，但真正打動人心的還是快樂的女孩。

　　環顧身邊的女孩，漂亮能幹的不少，但她們中間卻很少有生活得十分快樂的。不是對生活不滿，便是在追求許多東西的過程中喪失了快樂。

　　一個快樂的女孩知道怎樣熱愛生活，知道怎樣讓生命更有意義度過。她們容易知足，而充滿太多欲望的心是不會享受到快樂的。

　　快樂的女孩生活得有情趣，雖然平凡卻有滋味。快樂的女孩擁有一顆愛心，無愛的女孩是不會真正快樂起來的。

　　快樂的女孩不會給自己給別人帶來沉重，以事業為重的男人在工作之餘不願再看到美女的「冷」和女強人的「硬」。快樂的女孩就像一縷春風，給別人帶來輕鬆愉悅。

　　快樂的女孩身上有一種無形的光芒，吸引著你走向她。許多女孩在內心深處也都渴望能擁有快樂，但這種快樂往往被她們所承擔的社會角色所掩蓋。

　　聰明的女孩便是一個快樂的女孩，女孩最美的時刻也是最快樂的時候。快樂是很容易得到卻又難以把握的，快樂不需要任何庸俗的東西來作載體。

　　也許你什麼都沒有，只擁有快樂，那麼你依然是這個世界上最富有的人。

做自己喜歡的事情

　　人們在從事自己喜愛的工作時，總是特別有激情，有創造力，而且容易感到幸福，感到滿足。

　　人的一生短暫而漫長，但很多人只能把自己喜歡的事悄悄擱在心底，再加上一把鎖，去做許多該做的事而不一定是自己喜歡的事。

　　活著的理由很多，為工作而活，為責任而活，為別人而活，為許多說不清的道理甚至虛偽和毫無價值的評定而活。從日出到日落，從月圓到月缺，與多少美麗擦肩而過，多少真心喜歡做的事，心裡想著惦記著，卻一件也沒做成，就任青絲變成白髮，任額頭皺紋縷縷。

　　智者說：人生好似一個布袋，等紮上口的時候才發現，裡面裝的都是遺憾，還有許多沒來得及做的事。

　　聰明的女人選擇做自己喜歡的事情，為了生命中少些缺憾、多點美麗，為了在紮上口袋時少一分後悔。

　　生活磨去人的稜角，對女性的改變尤其巨大，為人妻、為人母，一步步耗去她們的精力和心血，從青春美麗變成鶴髮雞顏，從甜美可愛變成瑣

碎絮叨，在生活中一點點迷失自己。她們被放在生命的祭壇上，世界因她們而美麗，人類因她們而繁衍不息，除廠動聽的讚美，徒留下一具被掏空的軀殼。

聰明女人不甘心成為生活的犧牲品，她們努力擠出一部分生命給自己，但絕不意味著她們不承擔責任，不履行義務，不扮好自己的社會角色，她們只是懂得人還應該為自己而活。

自己喜歡的事情，就是帶著微笑開始，帶著微笑結束，身處其中，從不覺得厭倦；

自己喜歡的事情，就是再如何艱苦危險，依然滿懷期待；

自己喜歡的事情，就是明知不能從中得到收益，還依然願意繼續；

自己喜歡的事情，就是即使不能因此得到社會地位和名氣，還依然無怨無悔；

自己喜歡的事情，就是在失去一切之後，還能從裡面找到生活下去的勇氣……

人生苦短，名利的追求之路是那樣的漫長艱辛，女人天生沒有那麼大的野心，什麼權傾天下，什麼名垂青史，如同那鏡中花，水中月，聰明女人能夠想像那背後的寂寞與淒涼，與其花上一生時間去追求一場美麗的幻夢，不如踏踏實實的過好每一天。工作很重要，它滿足你所有的物質需求，它提供給你未來生活的幸福保障，聰明女人堅持一個前提：工作絕不能與自己喜歡的事情相衝突。她希望自己每天開開心心去上班，心滿意足回到家，愉快期待第二天太陽重新升起。

男人很重要，選擇一個好男人做自己的伴侶，是女人一生裡的頭等大事，所有女人都會慎重對待。聰明女人從不會委屈自己，不會把金錢、相貌、門第等作為擇偶標準，她所要尋找的，一定是一個她自己喜歡的、相

第二章　快樂一念間：幸福女人要有顆快樂的心

處融洽的伴侶。因為喜歡，正是產生愛情的首要基礎。

　　家庭很重要，每個女人都夢想有一個幸福美滿的家，為了這個目標，她們兢兢業業、任勞任怨的付出。為心愛的人做一頓美味晚餐，讓房間保持清潔整齊，很多女人把家庭與家務等同起來。聰明女人也希望讓自己的家變得幸福溫馨，但她卻不願意從此成為女傭、清潔婦。如果討厭家務，盡可能請個鐘點工來幫忙，否則，不是用愛心烹飪出來的食物不會讓享用者感到快樂，不是用愛心整理好的屋子充滿著怨氣。

　　生活裡重要的事情很多，但是最重要的是自己，是幸福快樂的心情。

　　每個人都有自己喜歡的事情，可是很多時候，人們其實沒有選擇的機會，現實生活常常陰差陽錯。

　　年輕時，每個人都會有自己的夢想，隨著歲月流逝，又很容易丟棄它們。聰明的女人卻把它們當做自己最珍貴的財富，把自己的時間盡量花在自己真正喜愛的事情上，她們甚至會忘記時光，永遠保有年輕的心態。

　　在瑣碎的生活之餘，聰明女人會安安靜靜的讀幾頁書，會心無旁畫幾筆劃，會快快樂樂的爬幾趟山……不求能得到多大的成就，只是因為那是她心中所愛，屬於她的東西，任何人也奪不走。

　　能做自己喜歡之事的人是快樂的人，能做自己喜歡之事的人是幸福的人！

知道自己要什麼

梁實秋曾經說過：中年的妙趣在於相當的認識人生，認識自己，從而做自己所能做的事，享受自己所能享受的生活。

對於一個聰明的女人來說，對自我的認知並不一定是中年人的特權。在日漸浮躁的社會裡，明確知道自己曾去過何處，今後又要去往何方，生命才有意義。

有這樣一種說法：生活品質和品質的提升前提是知道自己想要什麼。初聽上去，這似乎是很世故的套話，沒有表達什麼實質性的內涵。在人的內心深處，的確需要一些目標和框架。

多次世界冠軍獲得者、亞特蘭大奧運會金牌得主阿蘭·詹森與年輕的新秀、雅典奧運會金牌得主劉翔前不久曾經有過一次歷史性的會面，作為早已成名的老運動員和前輩，人們希望他給年輕的劉翔提點建議。詹森想了想後說：「劉翔去年贏了奧運會，生活發生了很大的改變，但壓力也自然而然的來了。媒體、田徑迷們對他的期望值開始提高。我想劉翔應該有一個平和的心態，他應該清楚知道自己要什麼。」

有這樣的文字：「守一顆心，別像守一隻貓。它冷了，來依偎你；它餓了，來叫你；它癢了，來摩你；它厭了，便偷偷的走掉。守著一顆心，多希望像隻狗。不是你守著它，而是它守著你。」

原文是說愛情的，但是我覺得它可以擴大到所有的事情上。

作為一個聰明的女人，不應該僅僅只是能夠從容面對生活，更能夠傾聽自己的內心，創造自己想要的生活。

對於一個聰明的女人來說，自知是她的源泉。自知的基礎足有主張有認識，知道自己是做什麼的，知道自己想要什麼、能要什麼。無論自己有

第二章　快樂一念間:幸福女人要有顆快樂的心

什麼想法,只要能被輕易左右的都是沒價值的,能被輕易打亂的都是不夠堅定的。有生活目標事業追求以後,相信自己一定能行,相信自己能夠達到自己想要的那個樣子。自知衍生從容,從容導致堅定,堅定決定成就,成就成全安詳,女人要知道自己究竟想要什麼,才可以活得精彩輝煌。

在我們周圍,太多太多的人是生活的被動者,每天疲於奔命,像一隻沒頭蒼蠅一樣跌跌撞撞,或者把自己扮演成了一個消防隊員,急著趕著去撲救生活的火災。每一天都在毫無目的的庸庸碌碌中度過,然後,百般懊惱,埋怨命運不公。就像印度詩人泰戈爾所說的,當你為錯過太陽而流淚的時候,你已經錯過群星了。要知道,生活就是一面鏡子,你如何對待生活,生活也如何對待你。沒有明確目標的人,真是連祈禱都無門。神都會說:「你自己都不知道自己要什麼,我又怎能給你想要的生活?」

要知道,沒有明確的目標,你就永遠無法到達終點。無論何時何地,要明確自己的目標。多少人每天忙忙碌碌埋頭苦幹,被工作和生活壓力所迫,漸漸的,你的夢想開始淡忘,你的目標開始模糊,人生或定位不清、或目標不明,不知往何處去。

每一天,我們都遇到對自己的人生和周圍的世界不滿意的人。你可知道,在這些對自己處境不滿意的人中,有百分之九十八對心日中喜歡的世界沒有一幅清晰的圖畫,他們沒有改善生活的目標,沒有一個人生目的去鞭策自己。結果是,他們繼續生活在一個他們無意改變的世界上。

每年年底的時候,公司總是會要求你對一年的工作作總結,對新一年的工作作出規劃。儘管這好像是例行公事,但回順自己這年來的工作,為新年的工作做個計劃很有必要的。當你為去年一年的收穫而欣喜時,你必須問自己:新的一年我準備做什麼?有什麼新的計畫?這一年裡我要完成什麼樣的目標?有了新的目標,你就像在茫茫大海中航行的小船在前方看

到了指明的燈塔，始終能夠瞄準目標，加快速度，全力前行。

在一年中要這樣，在聰明女人的一生中，更應該如此。

如果有機會的話，找一個安靜的不被打擾的空間，與自己的心靈對話，列一個清單，把那些你真正的想法具體表述出來，越詳細越好，或許你會驚訝，原來，那些名牌的時裝並不是你真正想要的東西，放下所有的包袱去九寨溝或者巴黎才是你的短期目標。

聰明的女人給自己定下目標之後，目標就在兩個方面起作用：它是努力的依據，也是對自己的鞭策。目標給了你一個看得著的射擊靶。隨著你努力實現這些目標，你就會有成就感。對許多人來說制定和實現目標就像一場比賽，隨著時間推移，你實現一個又一個目標，這時你的思想方式和工作方式又會漸漸改變。

這點很重要。你的目標必須是具體的，可以實現的。如果計畫不具體，會降低你的積極性。為什麼？因為向目標邁進是動力的源泉，如果你無法知道自己向目標前進了多少，你就會洩氣，甩手不幹了。

讓我們看看一個真實的例子，說明一個人若看不到自己的進步就會有怎樣的結果。

一九五二年七月四日清晨，加利福尼亞海岸籠罩在濃霧中。在海岸以西二十一英哩的聖卡塔琳娜島上，一個三十四歲的女人涉水下到太平洋中，開始向加州海岸游過去。要是成功了，她就是第一個游過這個海峽的婦女，這名婦女叫弗洛倫斯·查德威克（Florence May Chadwick）。在此之前她是從英法兩邊海岸游過英吉利海峽的第一個婦女。

那天早晨，海水凍得她身體發麻，霧大得連護送她的船都幾乎看不到。時間一個鐘頭又一個鐘頭過去，千千萬萬人在電視上看著。有幾次，鯊魚靠近了她。被人開槍嚇跑。她仍然在游。她的最大問題不是疲勞，而

第二章　快樂一念間：幸福女人要有顆快樂的心

是刺骨的水溫。

十五個鐘頭之後她既累又凍得渾身發麻。她知道自己不能再游了，就叫人拉她上船。她的母親和教練在另一條船上。他們都告訴她海岸很近了，叫她不要放棄。但她朝加州海岸望去，除了濃霧什麼也看不到。幾十分鐘之後──從她出發算起十五個鐘頭又五十五分鐘之後，人們把她拉上船。又過了二個鐘頭，她漸漸覺得暖和多了，這時卻開始感到失敗的打擊，她不假思索對記者說：「說實在的，我不是為自己找藉口，如果當時我看見陸地也許我能堅持下來。」人們拉她上船的地點，離加州海岸只有半英里！後來她說，令她半途而廢的不是疲勞，也不是寒冷，而是因為她在濃霧中看不到目標。她一生中就只有這一次沒有堅持到底。兩個月之後她成功游過同一個海峽。她不但是第一位游過卡塔琳娜海峽的女性，而且比男子的紀錄還快了大約兩個鐘頭。

查德威克雖然是個游泳好手，但也需要看見目標，才能鼓足幹勁完成她有能力完成的任務。當你規劃自己的成功時千萬別低估了制定可測目標的重要性。

還有非常重要的一點：聰明的女人總是事前決斷，而不是事後補救。聰明的女人未雨綢繆、提前謀劃，而不是等別人的指示。聰明的女人不允許其他人操縱自己的生活進程，因為她們知道，不事前謀劃的人是不會有進展的。聰明的女人會舉出諾亞為例──他可沒有等到下雨了才開始造他的方舟。也知道自己不要什麼不知道自己要什麼很正常，因為一生下來就不知道，但要知道自己不要什麼並不容易做到，有時一生都無法知道。我指的不是戰爭、饑荒、瘟疫、蒼蠅、蚊子等壞東西，而是好東西，比如升職、加薪、分房、出國進修。你一定要問，有什麼理由拒絕這些好處呢？唯一的理由是，如果得到這些利益，你將離自己最想要的東西越來越

遠。任何利益都有附加條件,當這些附加條件不符合你的最高利益時,它們就是利益的代價。這樣的利益越多,代價就越大,我們就會離真正的目標越來越遠。想想看,有多少人為了分房子而付出職業發展的代價,為了升職或提高收入而去做自己不擅長也不熱愛的工作;又有多少人明知自己適合也願意做職業經理人,卻抵不住誘惑,去做創業者,把生意做到了姥姥家。

鞋子合不合適只有腳知道,工作合不合適只有心知道。以自己的心和職業激情為依據選擇工作,以便讓自己保持對工作的持續熱愛,這雖然是一種理想,但我們都有機會盡量靠近它。靠近的條件不僅要有明確的職業目標,還要懂得放棄不符合職業目標的利益,並培養放棄的勇氣和能力。面對選擇時,我們要堅持做自己最想做的事,而不被眼前利益所左右。即使一時不知道自己要的是什麼,也不要那些明知自己不是真正想要的好東西,免得受其牽累。

學會放棄

放棄是一種灑脫,一種美,一件輕裝上陣的快感。但並不是每一個人都懂得放棄。女人尤其要學會放棄。

我們盡可以輕鬆而愉快踏上人生遙遙的旅途,只是,不要忘了帶上「學會放棄」這根智慧的拐杖。有了這根智慧的拐杖,你就會不再忘乎所以執著,對生活仍是真誠,但不會再為生活的瑣事而煩惱,不會再患得患失;懂得了隨緣,懂得了萬事萬物都在以它固有的規律運行著,明白了許多事情是人無法控制和把握的。

有時候隨緣和認命並不是一種消極,而是對自然規律的遵循,對這個

第二章 快樂一念間：幸福女人要有顆快樂的心

世界的尊重與善待。當你不再刻意追逐與擁有，知道哪些屬於自己，哪些不屬於自己，學會了放棄，放棄某種投入卻無收穫的感情，放棄某種心靈的企盼，放棄某種思想的壓迫，便收穫了一種心靈的超脫與自南。

說到放棄，對於女人來說，也許不僅僅只是愛情和婚姻，當然這兩者也是女性心中天平上最重的砝碼。可能放棄是一種無奈，很痛苦，但它也是一種深沉的美。

有所為就有所不為；有所得，就必有所失。要想獲得某些有價值的東西，就必須放棄許多東西。

世間有太多美好的事物和美好的人，為了擁有更多的美好事物，我們一直都在苦苦嚮往與追求，為了獲得，整天忙忙碌碌，然而真正的所需所想往往要在經歷許多流年後才會明白；對已經擁有的美好，我們又因為得而復失的經歷而存在一份忐忑與擔心。夕陽易逝的嘆息，花開花落的煩惱，使我們認為人生本是不快樂的！

但是，你要明白，擁有的時候，我們也許正在失去；放棄的時候我們也許又在重新獲得。對萬事萬物，我們其實都不可能有絕對的把握。如果執意去追逐擁有，就很難走小萬物繼而走出自己，人生那種不由自主的悲哀與傷感便會更加沉重！

人在做任何事情的時候都應該有一種韌性，一種不達目的誓不甘休的精神。但是，我們生活的世界太複雜了，色彩太斑爛了，誘惑太多了，如果對來自外界的所有資訊都不加篩選統統收人大腦之中，對所有的事情都緊緊抓住，捨不得放棄，我們的心靈則不堪重負，我們的腳步將被一些毫無意義、可有可無的東西所羈絆，從而影響我們向前的進程。

所以，我們應該對那些無足輕重的東西，那些會給我們帶來負面影響的東西，那些絆住我們腳步的東西及時加以清理。在人生漫漫的旅途中，

我們必須學會放棄！

學會放棄，以求精神愉悅；學會放棄，以求人格獨立；學會放棄，以求心理安全；學會放棄，以便輕裝前行。學會放棄是我們每一個人都應修煉好的基本功。

放棄，並不是說要丟掉我們的追求與夢想，使自己的辛苦在頃刻間付諸流水。放棄是我們的理智與清醒，是無可奈何花落去時一個聳肩的灑脫。放棄並說聲「我不後悔是一種成熟的大氣，是我們更加堅定自己追求的目標，卸下包袱，為輕裝上陣而作出的選擇。

泰戈爾（Rabindranath Tagore）說過：「當鳥翼繫上了黃金時，它就飛不遠了。」為了高遠的目標，我們情願放棄名利去孤獨追尋，不論在生活方面還是在感情方面，我們都不妨灑脫一些，輕裝上陣，瀟灑上路。

放棄的過程是苦澀的，但它的果實是香甜的。的確，當我們真的要放棄一些經過努力才得到的東西時會很難，這好比蛹要轉化成蛾需經歷痛苦的蛻變一般。如果我們畏首畏尾，什麼都捨不得放下，我們的人生的考試卷將是一片空白。讓我們學會放棄吧，儘管這需要絞盡腦汁，做出艱難的選擇，但我們將收穫成功的喜悅。

當然，我們並不能盲目的一味放棄，那無異於拿自己的努力去開玩笑。我們需要做的是：放棄那些本不屬於自己的抑或看似誘惑實為阻礙我們前進的東西，然後重新確定目標，銳意進取。

學會放棄就是要去掉一顆執著的心。我們時刻都要快樂，但追求快樂的方式卻那麼笨拙，以至於帶來更多的憂愁。我們往往認為必須抓住，才能擁有獲得快樂的保證。

雖然我們一直認為如果放下的話，就會一無所有，但生命本身卻再三透露出相反的訊息：放下是通往真正自由的道路。

既然如此，我們怎麼做才能克服執著呢？惟一的途徑是了解它的無常性，這種了解可以慢慢解除它對我們的控制。我們將獲得對於改變的正確態度：想像我們是天空，看著烏雲飄過；想像我們是水銀一般的自由自在，當水銀落在面時，仍然完整無缺，從不與塵埃混合。當我們試著依照上面去做，慢慢解除執著時，寧靜就從我們身上產生。執著的烏雲紛紛飄散，真正的寧靜就會像太陽發出光芒。

生命的過程就如同一次遙遙的旅行，你可以列出清單，決定背包裡該裝些什麼才能幫你到達目的地。但是，記住，在每一次停泊時都要清理自己的口袋：什麼該丟，什麼該留，把更多的位置空出來，讓自己活得更輕鬆、自在，更快樂些。

▌減少壓力，讓生活輕鬆

不管是生活壓力，還是工作壓力，最終轉化為精神壓力，不斷剝奪我們的快樂。

壓力是我們對任何一種刺激，身體上、精神上或內在情緒及外部情緒上的反應，它使人感到煩惱。當壓力很大時，就會產生疾病，這些疾病大多與壓力的環境有關，比較常見的疾病是心臟病、高血壓和癌症。

此外，醫生們發現由壓力而引起的疾病正在增加，比如像哮喘、過敏症、偏頭痛、潰瘍、腸炎及皮膚病，都與壓力有關。實際上，百分之七十五到九十的患者都與壓力有關。

如果你是一個長期處於高強度的壓力之下的女人，時時感覺自己快要被壓力給壓垮，不能再堅持下去，那你需要給自己減壓了。

一般情況下，壓力過大可能表現為心煩、脾氣暴躁，對家人失去耐

心，沒有時間和朋友見面；對自己失去信心，總覺得自己心力衰竭，不能集中精力把工作做好；時時精神緊張、失眠、飲食無味……這個時候，你最需要做的事情就是放下手邊的工作，想一想你最想去放鬆的地方，最想去做的事情。給自己一個完全自由的空間，暫且不去理會已經讓自己疲憊不堪的工作與生活方式。

如果你在家，不妨放一段輕鬆的音樂或者看一場讓自己快樂的電影，沒有什麼可以打擾你，如果你自己不打擾自己的話。試著深吸一口氣，告訴自己，沒有什麼比愜意的生活更能讓你感覺舒適了。即使事實是你必須賺錢養家，或者為了滿足自己的物質需求，只有時時讓自己覺得自己還有屬於自己的生活就會有堅持下去的勇氣。灑脫的女性往往可以讓自己活得更加輕鬆。

如何做一個灑脫的女性呢？

（一）珍惜你現在所有的

每個人都有自己的目標及夢想，這種想法無可厚非，因為每個人都有得到自己夢寐以求的東西的權利，但是這種執著的追求可能會造成困擾，那就是你忽略了今天，也就是忽略了身邊美好的事物，忽略了享受生活本身。無論你的目標是結婚、變成百萬富翁、改變全世界，或者成為人人尊敬的對象，都不能讓它帶你走上充滿誘惑的路徑。一旦未來比現在更有趣味，目的的重要性就會比過程還高，於是你就會過於執著於遙遠的未來，而忽略了現在，而現在才是最美好、最難能可貴的。至於目的，就算有一天你真能達到。也會發現它竟然如此乏味無聊，實在不如從遠處看得那樣好。

為什麼呢？因為若要達到長期目標，你必須要做一定的犧牲，但是如

果這種犧牲過多，甚至剝奪了你現在應該享受的很多歡樂，就會走上自我否定的道路，從而你就會過上一種相當陰沉、毫無希望的生活，那樣做一點也不明智，你用的是實實在在的現在去換取虛無縹緲的未來。

（二）讓你現在的生活美好起來

過多關注未來，就會把關注現在生活的時間給佔用了。試著在每一天讓自己的生活更美好一點。如果你投注了足夠的精力在你現在的生活上面的話，你可能會吸引來更好的未來，而不必去刻意的努力追求。也就是說，你已經擁有了美好的現在，不必費盡心力，美好的未來就會自動找上門來。

有一個成功的女企業家，她擁有自己的體育用品連鎖店，但她感到相當內疚，覺得陪伴自己丈夫和孩子的時間不夠多，然而一回到家裡她又覺得自己應該多花點時間在事業上。後來在別人的幫助下，她有了全新的看法，那就是：在家全心全意陪伴家人，在公司完全專注於工作，結果，現在她在工作上的決策品質更高，更快速，本身也更有自信，而且在家她也是一個稱職的妻子和母親，這一點對她來說很重要。在工作和生活兩者之間，她選擇了一個中間點，使她自己的心態達到了平衡。珍惜現在的生活比一味追求未來更容易讓人感到幸福。

（三）現在我就是最好的女人

持這種心態的女人往往比較自信，也比較懂得享受現在的生活。但是現在好多人都在努力讓自己變成「更完美的人」。但是這樣往往讓自己失去了自己的個性，那個你期望成為的人就存在你的身上，也許現在只顯露了一部分，但是時機一到，你身上那個更好的人便會綻放光芒。

自信是你身上非常正直的部分，缺點是你非常寶貴的資源，如果你有缺

點。一點一點的發掘它們，再讓自己在解決缺點的同時逐漸成長。這將是一場艱苦的戰爭，你必須緊握拳頭，與自己作戰。但是這樣又會造成自己對自己苛刻要求，不要太強求自己，以免造成自欺欺人，直至最後失去自己。

未來不需要你去改進自己，但是需要你的成長。你必須在你的內心進行大量的不受拘束的、坦白的對話，之後慢慢努力，繼續維持，讓自己成長。

（四）以輕鬆的態度看待計畫

不是每個人都沒有計劃，過著鬆散自由的生活，但是大多數人的計畫都太嚴謹了，對有的人來說，計畫看起來很美好很合理，但是它僅僅是個目標和理想。只是內心對未來的一種期許。做計畫有時候是必不可少的，但除此之外你還有許多重要的事情需要你去完成。為了成長，你必須願意以輕鬆的態度看待計畫，而且要快速學習。若能迅速吸收新的想法，不要墨守成規，就能讓你的未來更加璀璨。成為活在當下的學習者要比專業的計畫者更加成功。試想，科技以何種驚人的速度改變我們的生活？而且這種趨勢絕對會持續下去，即使是十年的計畫也會顯得跟不上時代的變化。生活的步調變得那麼快，制定計劃的技巧可能在你還沒有精通的時候已經過時了。因此，不要再執著於計畫，不要再按部就班的要求自己，適時的改變，以一種輕鬆的態度去看待計畫，那你的生活壓力也就不那麼大了。

（五）遠離老是追求成功的人

和努力奮鬥的人在一起，最開始的時候應該是能夠互相吸引的，因為他們的熱情很可能感染你，讓你也充滿積極性。但是時間一長，這樣的關係就很難再維持下去，因為執意追求成功的人往往會非常專注自己的事業，與他們在一起通常也會消耗你的能量，這是因為，勤奮刻苦的人往往

51

很需要別人的鼓勵，以此他們才可能走得更遠。因此遠離那些努力追求成功的人，如果你是一個追求灑脫的人的話，而去尋找那些能夠自得其樂、生活得很有價值的人，如何找到這樣的人呢？只需要你自己也是那種自得其樂，懂得運用創意凸現自己價值的人。

一個懂得愛惜自己的女人是應該懂得適時給自己減壓的女人，所謂寵愛自己，便是時時刻刻對自己好一點，給自己做一頓大餐，給自己買一件平時捨不得買的衣服，和家人或朋友去遠遊一次，或者就一個人去自己喜歡的酒吧或咖啡館享受一個人寧靜的下午。

沒有別人可以給自己減壓，唯有自己，把心態放輕鬆，把握現在的生活，享受已經得到的幸福。這才是生活的真諦。

▌珍惜擁有的

從前有位小天使，很喜歡幫助人，總愛利用她的法術滿足世人的願望，借此去感受曾被她幫助過的人身上所發出的幸福氣息。

有一天，小天使遇到一位公主，她年輕美麗富有，而且有個很愛她的王子，但她仍然不開心，還是求小天使幫忙帶一些幸福給她。小天使想了許久，才想到了辦法上幫這位公主。

小天使什麼也沒有帶給公主，反而帶走了她原本所擁有的東西。半個月後，小天使來找公主，但公主已經變得很潦倒，接著小天使就將公主原本所擁有的東西給她。再過半個月，小天使再去見公主，公主很感激小天使帶給她的幸福。人其實很奇怪，往往都要失去了，才懂得珍惜。其實幸福很多時候，都已經放在眼前。幸福根本沒有絕對的定義，平時一些小事往往能觸動你的心靈，幸不幸福，都只在乎你的心是怎樣去想而已。想擁

有幸福，就要懂得珍惜，珍惜你眼前的一切。

聰明的女人不會像那個不知足的公主一樣，聰明的女人會珍惜所擁有的，遺忘所沒有的。

珍惜是人類精神的一種寶貴情感，很美好，但很稀有。懂得珍惜，不是人類的本能，它是人類經過生活的積累、感悟、昇華，所獲得的能力。，這樣一種能力是無法與生俱來的，一些人窮盡一生亦不能擁有，因此，他們很不幸；一些人少小年紀就能獲得，因此，他們很幸運。

人們懷念童年時光。兩小無猜、童言無忌，登山戲水，聽風望月，若得青梅竹馬之友定當樂不思蜀；觀世界皆全順由己意，察世人全道貌岸然。渾然不覺日子蜻蜓點水，輕飄飄溜走不著痕跡，但因種種原因仍可欣賞、可鑑諒。

人們追悔青春年華。好書不少未讀，好友未及深交；碌碌無為未曾夢想一搏，幽幽戚戚徘徊在取捨左右；恨不知因何而來，愛不懂怎樣表達；別人的主義未理解卻置之一笑，自己的主義未搭建卻胸有成竹；高談闊論時理直氣壯，別人不懂自己也不懂，夜不能寐時百般策劃，不知如何實施亦從未實施。歲月瀟灑而沉重，風物無知而不能自知。

人們蹉跎中年歲月。不懷念也不追悔、惶恐。生活淪落為油鹽柴米，甚者斗米折腰何以堪；工作演變成謹小慎微，更有觀風看勢恐錯半步；愛情寡淡無味不提及不思量，理想縹緲虛無羞於出口亦不出口；別人的成績偶然獲得按下不表，自己的差錯事出有因亦可原諒；職責少扛為佳，利益不少為上，信任成為負擔，品行從字典中刪除。這是怎樣的人生！

人們需要期待老年了。淌過生活的千山萬水，也許混沌，也許徹悟。

放眼望去，聰明的女人神清氣爽、氣宇軒昂，簡潔明朗、清澈透底。而不聰明的女人有時搖擺不定、幽怨不平，有時遊移多變、推諉逃避。前

第二章　快樂一念間：幸福女人要有顆快樂的心

者總能保持內心的平衡與快樂並將快樂帶給他人，而後者經常患得患失自己不快樂也使他人不快樂。除去健康、天分的因素，還有什麼比擁有懂得珍惜的能力更重要。珍惜你現在擁有的，不論經驗、教訓、經驗還都是寶貴財富，否則你可能得而復失或讓你的擁有成為你的負擔。

聰明的女人懂得珍惜時光，能延長你的生命遠過於其他，能豐富你的人生超越時光本身的價值，保障你的時光服務於你的理想。

聰明的女人懂得珍惜工作，既然你選擇了崗位，就努力做到最出色，讓你的生命煥發出獨特的光彩。別辜負了你的崗位，對你的崗位性質和任務準確定位，完美實現崗位目標並給同僚留有餘。開闊的胸懷是美德之一，海納百川，有容乃大。

聰明的女人懂得珍惜榮譽，你積累榮譽歷盡千萬辛苦，值得你尊重，而千里之堤可能毀於一旦。榮譽是你的品格、能力與貢獻的標誌。如果你不是浪得虛名，何懼風焉。

聰明的女人懂得珍惜信任，下一點工夫了解自己，看清楚資源優勢與不足，保持清醒與理智，揚長避短。信任是需要鞏固與加強的，若你認為信任本身就是一種榮譽，你不要揮霍。重要的是，你必須確認主觀的正直與客觀的成效是建立信任的唯一途徑。

聰明的女人懂得珍惜情義，深情愛護愛你的人和你愛的人，誠摯對待不愛你的人和你不愛的人。他們都是你的同類，愛惜才華、忠勇當是同類的義務。有能力，你就鐵肩擔道義；若你的能力所不及，你就堅定的站在道義那裡，同樣你的人格會得到昇華。

欲望和痛苦就像孿生姐妹相伴而行，有欲望就會有痛苦，有句話是這樣講的：欲望得到滿足就會覺得無聊，欲望得不到滿足就會覺得痛苦，人生就在這無奈和痛苦中搖擺。其實人類很多時候也像飛蛾一樣撲火，很少

像沒有蛻變的毛毛蟲那樣安於現狀。人類的聰明之處就在於會思考，人類的痛苦來源也因為會思考而想得太多變得貪得無厭，會妄想得到一些不現實或過多的爾西，在滿足時覺得無聊和空虛，一會去想要得到更多的東西，從而又陷入一個新的欲望和痛苦的輪迴之中。佛教裡認為欲望是一切痛苦和罪惡的源泉，這其實很有道理，所以佛教使人輕鬆讓人解脫之處不在於神仙的保佑和恩賜你多的東西，而在於教你清心欲，放寬心態，珍惜擁有的一切，追尋一些積極健康的東西。

在叔本華看來，欲望是痛苦的源泉，因欲望而產生爭奪，產生爾虞我詐、弱肉強食，產生殘暴和欺詐，產生一切苦難，其結局是痛苦。而一旦欲望得到暫時的滿足也別開心得太早了，其又會產生新的欲望即新的空虛。對此，叔本華舉了個很經典的比喻：「人生是一一個擺鐘，這端是『痛苦』，另一端是『無聊』，當人的欲望得不到滿足，便產生焦慮，痛苦感；而一旦得到滿足，便會覺得『不過如此』、『百無聊賴』。」

對於這樣一種對痛苦的無奈，叔本華有他自己的「生的智慧」他說，幸福之道不在於與財富而在於智慧，靠智慧克服意志，利用哲學、藝術、宗教淨化意志，最後，達到佛家所謂的「涅槃」境界。

聰明的女人深諳箇中三味，聰明的女人會用林則徐的話來鞭策自己：「海納百川，有容乃大，壁立千仞，無欲則剛」。

每天有個好心情

　　女人固然美在外表，但更美在氣質和風采，要看她是否神采奕奕，充滿健康的活力，是否對生活充滿熱情，內心十分充實，充滿了個性的魅力。而要想擁有這些全靠你是否有好心情把它張揚出來。

　　不要讓外界事物的好壞影響你的情緒，也別沒有自信，認為自己不行，其實你可以幹得很出色，只是你還沒有找到那雙發現美的眼睛。

　　心情對我們是那樣的重要，與我們形影不離。健康與美麗，如若沒有一份好心情，猶如沙上建塔，水中撈月，一切都無從談起。

　　光不存在的時候，影子就藏在深深的黑暗中了，只有心情牢牢依附在胸膛最隱祕的方，堅定不移的陪伴著我們。快樂的人，在黑暗中也會綻出笑容：悽苦的人，即使睡著了，夢中也有淚滴。

　　心情是心田的莊稼。只要心臟在跳動，心情就播種著、活躍著、生長著，強有力的制約著我們的生存狀態。我們可能沒有愛情，沒有自由，沒有健康，沒有金錢，但我們必須有心情。

　　如果你渴望健康和美麗，如果你珍惜生命中的每一寸光陰，如果你願為這個世界增添晴朗和歡樂，如果你即使倒下也面對太陽，那麼，請鍛造心情。它寧靜而堅定，像火山爆發後凝固的岩漿，充滿海綿狀的孔隙卻堅硬無比，它可以蘊涵人生的苦難，但不會被苦難所擊退；它感應快樂的時候如絲如弦，體味人們的每一分感動；它凝重時如錨如鏈，風暴中使巨輪安穩如盤。它在一次次精彩的淬火中，失去的是雜質，獲得的是堅韌。它延展著、包容著、背負著我們裸露的神經，保衛著我們精神的海洋與天空；它是藍色澄清的內心疆域，在那裡棲息著我們永不疲倦的靈魂。

　　每個女人都應該有顆沉穩寧靜而廣博透明的心靈，用它來覆蓋生命的

每一個清晨和夜晚。從此不再因外界的風聲而瑟瑟發抖，不再因身體的頓挫不適而萬念俱灰，不再因生命的瞬間飄逝而惆悵莫名……你全因為好心情而美麗動人，生活也會因此而健康壯麗。

心靈就像一個朋友，經常和它保持溝通，它會給你有如知心朋友般的溫暖與呵護。不如意的事情經常發生，這時你也許會想：「這件事真煩，找該找誰訴說一下呢？可是這件事又十分難以說出口，即使說了別人能夠理解我嗎？」其實，你之所以會被這樣的情緒困擾著，就是因為平時不善於與自己的心靈溝通，沒有及時清理思緒，調節你的感受。要知道，與自己的心靈對話，與別人的心靈交流是同等重要的。

生活中的這些平凡瑣事，會把你的感覺帶入盲點。有時你疑惑生活為什麼這樣茫然，為什麼充滿這麼多的遺憾，而你的企盼卻總是不能實現，有時真是感到身心都已經疲憊不堪了。這些莫名其妙的情緒和感受充滿了你的整個頭腦，佔據了你的內心世界，但是你卻始終得不到解脫。

其實，如果你細心觀察就會發現，生活中許多不愉快的事情，都是因為心情煩躁而產生的。如果能在遇事時，冷靜的思考一下，讓心情平靜下來，和自己的心靈對話，那麼心情就會好很多。

當別人有了煩惱找到你的時候，你總是竭盡所能給別人安慰，但是你卻忽略了，盡力安慰自己的心靈同樣重要。不要讓心靈像受了委屈的小孩子一樣躲在角落裡而漠不關心她的存在。把她當成是你最可愛的人，用充滿無限柔情的感覺問一問她：你快樂嗎？你痛苦嗎？你有什麼不開心的事情？你的生命中還缺少什麼？我能夠幫助你做些什麼……這樣交流一段時間，你就會覺得心靈像一個最好的朋友，你完全可以把不能說給別人的事情講給聽，她也會不厭其煩的聽你把事情講完。

多與自己的心靈對話，你就會越來越認清自己，越來越認清生活，趣

第二章　快樂一念間：幸福女人要有顆快樂的心

來越認清生命的意義與價值。噢，原來自己也是需要被關心與愛護的。有了自愛的感受，你才能獲得完美的生活，成為自己心靈的主人。

出自內心必將影響於外，清淨的心靈是美好生活和完整生命的基礎。想走出混亂、枯竭的過去，營造新生活，你不用急於尋求心理專家，去試著常與自己的心靈對話，當它是知己、當它是戀人、當它是導師，經常與它溝通，與它暢所欲言。

付出了自愛，心靈也會對你有所回報。當你升起煩惱之火向它傾訴苦衷時，它就會落下涓涓細雨將煩惱之火熄滅，讓你重新去獲得平靜。你會越來越感激它，原來最好的知己就在身邊。

同時，你要學會用閒情逸致來獎賞你的心靈。對於現代女人來說，無論我們是為了追求生命的卓越和充實，還是為了生存壓力下一份體面和有保障的工作，顯然都不乏忙碌和辛苦，但我們要用悠閒來獎賞自己的心靈。如果一味讓忙碌變本加厲抓住我們。那麼生活的帳單最終將埋葬我們。

我們享受清閒，生命的忙碌才不會埋葬我們；用清閒享受生命的幸福，我們的生命才會燦爛如豔陽高照，靜美如皓月當空。自信是為自己喝彩的最佳方式。

▎懂得保持距離

有一句話常被我們提起：距離產生美。

距離，既是自由的保障，也是安全的保障。行車有車距，處世亦有距，就連在公共場所，也希望和他人保持一定距離，不要貼得過緊。銀行儲蓄窗口、機場檢票閘門，都設立了「一公尺線」，就是用距離把人群間隔開來，以保障人們的隱私和安全。

現代社會的發展，帶來個性化的發展，人在超越時空距離的同時，卻又小心的保持著人與人之間的距離。每個人都喜歡有個屬於自己的空間，不受他人侵犯。「離我遠一些」，是距離的要求；「給我一點兒自由」，也是距離的要求。的確，與人相處，靠太近了，彼此沒有祕密，既失去了神祕感，又失去了吸引力，容易相互厭倦，也容易相互摩擦，產生矛盾。如果相互離得太遠了，就是隔膜、障礙，又容易相互淡忘，變得生疏。就好像對一些太容易得到的東西，我們往往不懂得去珍惜。而對得不到又有機會得到的東西，我們會期待著去爭取。該如何去維持一種不遠不近、不長不短、恰到好處的「黃金距離」呢？

有研究說，人與人之間的空間距離就要保持一定的尺寸之內。親人戀人的身體距離在十五至四十五公分之間，熟人朋友一般在四十五公分至一公尺之間，社交距離的範圍比較靈活，近可一公尺左右，遠可三公尺以上。至於公共距離，一般都在三公尺以外。如果侵犯了邊界，就會引起人的不安和敵意。

物理的距離可以測算出來，但是合適的心理距離卻是一門更加深奧和複雜的學問，給人安全和自由的是「距離」，給人煩惱和憂愁的也是「距離」，最恰到好處的「黃金距離」應該因人而異。

第二章　快樂一念間：幸福女人要有顆快樂的心

聰明的女人願意花時間、花心思去摸索與人相處的距離，戀人之間的親密距離，夫妻之間愛的距離，男性友人的「安全距離」，把握得好，就是一種美，一種藝術。在此之前，也得注意把握好幾項基本原則，自然會事半功倍。

（一）若即若離

當聰明的女人與男人上演愛情故事的時候，她會吊足了男人的胃口，始終把她與男人之間的距離把握得很到位，如同一場拉鋸戰，你進我退，你退我進，既不會輕易讓男人得逞，也不會讓男人掉頭走人。因為聰明女人知道一點，在男人心目中，越是得不到的東西就越有誘惑力，他會越執著。

在男人即將吻過來的時候，她會溫柔的將其推開，然後又會在某一個時刻出其不意的撲上去，蜻蜓點水似的給一個小小的補償。她會把男人在她身上遊走的手限定在某一範圍內，這個範圍內沒有任何敏感的器官，讓男人又愛又恨，難捨難棄。

（二）欲迎還拒

聰明的女人珍愛自己，她是最頑強的守衛者，自己的陣地只允許男人覬覦，不允許男人踏入甚至攻城掠地。

不管在心中多麼喜歡一個男人，她也絕不會讓其輕易得手，因為她知道在男人徹底的擁有她之前，適當的反抗只會讓男人更加雄心勃勃，而不會讓男人離她而去。

她知道，在女人面前，男人都有征服女人的欲望，女人越難征服男人就越想征服。聰明的女人也知道，當男人開始想征服她的時候，男人已經被她征服了。

（三）保留獨立空間

　　每個人都是一個獨立的存在，即使是同床共枕、攜手一生的夫

妻，你依我儂，也並不是真的就融為一體、不分彼此。聰明的女人總

會為自己保留一片獨立的天空，那是完完全全屬於她的領地，任何一個男

人都不得闖入。

　　有時候，神祕也是一種浪漫，極度的好奇與刺激都會引發異樣的熱

情。這是女人的聰明，也是她的狡猾。

（四）以靜制動

　　面對心愛的男人，聰明的女人多半會靜靜的觀察他，男人的優點、缺

點都會盡收眼底、了然於心。她可以睜一隻眼閉一隻眼看著男人去犯錯

誤，她可以不去作任何追究，因為她知道，如果男人的心屬於她的話，男

人走得再遠也會知道沿原路返回來。而她，只要在原地等待就可以，聰明

女人永遠不會去大吵大鬧，她知道那樣會親手把男人逼走。

　　聰明的女人在一生中不同的階段要扮演不同的角色，完成不同的角色

所承擔的任務。談戀愛的時候，她是溫柔的女朋友；結婚之後，她是賢慧

的妻子；生育之後，她是稱職的母親；子女成婚生育之後，她又成了慈祥

的祖母、外祖母。而這所有角色的轉換，在她身上將會表現得很自然。這

種自然的變幻給女人籠上一層聖潔的光環，「可遠觀而不可褻玩焉」。

　　「一日不見，如隔三秋」，距離醞釀了溫柔纏綿的思念之美；「君子

之交淡如水」，距離培育了清純牢固的友誼之美；「花非花，霧非霧」，

距離造就了朦朧淒清的意境之美；「但願人長久，千里共嬋娟」，距離創

造了浪漫之美。距離產生美，美需要距離。

第二章　快樂一念間：幸福女人要有顆快樂的心

苦中作樂

　　歲月如流水，帶走了女人們的青春貌美，也帶走了許多的幸福快樂，留下的卻是不可避免的瑣碎、煩惱和痛苦。

　　現代社會，在背負巨大的生活壓力的同時，人們還會碰到各種各樣的困難和挫折：失業下崗、家庭變故、婚姻失敗、事業不順、經濟困窘等諸多問題。有的女人一遇到這些不順心，馬上就悲觀消極起來，看不到前途的光明，抱怨天的不公平，甚至破罐子破摔，一味逃避生活；聰明的女人卻往往能夠泰然處之，認定活著就是一種幸福，無論是順境還是逆境，都一樣從容安靜，她們勇敢的品嘗生活中的苦，發掘苦中的甜，即使淚水縱橫，也要綻放帶淚的笑顏。

　　「誰也別想把黑暗放在我面前，因為太陽就生長在我心底」，聰明女人快樂的真諦就在於此。

　　快樂和痛苦是一對孿生姐妹，有時是冤家，有時又會形影相隨，有時互相交替，有時互相融合。最大的歡樂，通常包含在巨大的艱辛之中。猶如明珠潛藏於深海，寶藏掩埋於山嶽。而且只有身處痛苦之中，才會更加渴望快樂的滋味，只有經歷過痛苦，才能體味出快樂的甜美。

　　年少時，渴望長大，希望能有一番轟轟烈烈的人生；長大後，卻發現生活如此艱難，理想更加遙遠，而過去的時光卻永遠那樣美好。而要想在生活中找到幸福快樂，聰明女人懂得苦中作樂，雖然不能一帆風順，但是永遠笑對人生；雖然不能天天開心，但學會苦中作樂，把痛苦當作是必備品，每一天都會是心靈的豔陽天。

　　其實，苦中作樂是一種做人的樂觀態度。也許，生活帶來的是傷痕累累的傷疤；也許，世界給予的是椎心刺骨的悲痛；亦或許，體味社會中有

的是百感交集的感情，埋怨和悲傷都不是聰明女人的選擇。佛說，人活在
這個世上，吃苦是注定的，聰明女人常常會笑著吃，而不是哭著吃。對幸
福的追求本身就隱含著對痛苦的超越，苦中作樂，與其說是在經歷苦難，
不如說是在釀造甜蜜的果實。換一種態度對待苦難，生活就會少一分艱
難，多一分容易；少一分憂愁，多一分快樂；少一分痛苦，多一分甜蜜。

　　笑傲風霜雨雪，喜迎陰晴圓缺，直面慘澹人生，生活何嘗不是一種極
致的美。看天上雲捲雲舒，過閒雲野鶴的生活，生命又是何等的精彩。

　　快樂是發自內心的感受，像電流可以傳遍全身，也可以傳給別人。它
是一劑良藥，安撫受挫的心靈，讓人們有勇氣去面對更多的挑戰；它是一
股暖流，能在寒冷的日子裡給人們帶去溫暖和希望。所以生活中快樂的人
總是能擁有更多的朋友和喜悅，能攻克更多的難關，他們不是沒有挫折，
但是樂觀的心態使他們能在挫折面前輕鬆的跨越。快樂是所有人的希望，
去努力尋找它吧，做一個真正快樂的人。

　　快樂其實是件很容易的事情，對許多女人來說，逛街是最大的享受，
高興的時候逛街，不開心的時候也逛街，有錢的時候逛街，沒錢的時候也
逛街。如果心情好手頭正好又寬裕，逛街的快樂就在於滿眼華服的愉悅，
或是一擲千金花錢如流水的痛快。而遇上煩惱的事情，逛街又是最好的發
洩方式，也許美麗的衣服飾物能撫去心中的不快，也許只看不買能消除鬱
積的悶氣，酸痛的腿腳能減緩心靈上的痛苦。因此，都市里的聰明女人
們，最常用的苦中作樂方式就是瘋狂逛街。

　　歇後語說：黃連樹下彈琴 —— 苦中作樂，在生活中進行一些文藝活
動也是苦中作樂的重要方式。也許不是每個人都是專業的藝術創作人員，
但是進行適當的藝術創造會對心靈健康有一定的幫助。唱歌能夠釋放心裡
的怨氣，而全身協調運動的舞蹈，參在消耗體力的同時，提高心境的積極

第二章　快樂一念間：幸福女人要有顆快樂的心

性。因此，縱使生活中有很多不順心的事，聰明女人也能找到開心的方式，做家務的時候哼哼歌，活動一下胳膊腿，心情會好很多。另外，有條件的也可以選擇一些其他活動，插花、繪畫、演奏樂器等等，不管最後的效果如何，只要充分的享受過程，就是一種快樂。也許你會欣喜的發現，自己還有很多優秀的潛能。

鬱悶的時候，改變一下居住的環境也是不錯的方式。經濟條件可能不允許每個人享受豪宅，心靈手巧的女人懂得利用一些小小的手法來改變身處的環境，給家裡換上色彩鮮豔的新窗簾，改變一下傢俱的擺放位置，給餐桌換上漂亮的桌布，在花瓶裡插上盛開的鮮花，新鮮感帶來的新刺激，都可以讓原本低落苦悶的心情明朗不少。

或者，給自己安排一次短途旅行，獨自一人或是呼朋引伴，去爬山，去看海，面對大自然的美景，在陌生的環境裡，心情絕對會輕鬆愉快很多。

苦中作樂不僅表現在這些方面，甚至還在很多細節上，對著鏡子練習一下微笑，少抱怨多微笑是聰明女人苦中作樂的不二法寶。天氣晴朗的時候抬頭看看湛藍的天空，晚上的時候，數一下天上的星星，一個人靜靜的享受寂寞。所謂農有農之樂，食有食之樂，住有住之樂，行有行之樂，即便是種種辛苦難言之事，如果處理得法，也自有其可樂之處。

我們可以失去很多東西，但如果誰也拿不走你的快樂，你的自由，你內心的寧靜，那麼你已經強大到不可征服，地獄也能變成天堂。

尋找快樂，享受快樂人生

快樂是女人的天性。哪個女人不願快樂？如果一個女人能找個理由悲傷，也一定能找個理由快樂。快樂是對自己的獎勵，而悲傷則是對自己的懲罰。任何一個快樂的女人，都懂得去發現快樂。這世界不是快樂太少，而是缺少發現快樂的心。

如果你曾留意雨後走在馬路上的孩子，你就會看到當他們發現前面有個小水坑時，便很高興跑進去玩著、鬧著、笑著；而那些大人則會從水坑邊繞過去，不僅繞過去，同時嘴裡還嘟嘟嚷嚷的抱怨個不停。當你的人生陷入低谷時，當你得到不公平對待時，當你因為無端遭到人身攻擊時，當你因為某種生理缺陷遭到嘲笑時，你不妨調適一下你失衡的心態，給心情放一個假，營造一個祥和、豁達、坦然的氛圍。

你可用幽默化解不愉快，保持一份快樂的心態，也可以進行一些你所喜愛的運動，在空曠的原野上或高山之巔大聲喊叫，還可以試著在音樂中徜徉，在寧靜中神遊……既能呼吸新鮮空氣，亦能宣洩積鬱。

其實，快樂很簡單，快樂的方法任何人都可以使用：第一步，若遇到困難，不要驚慌失措，冷靜的分析整個情況，找出萬一失敗時可能發生的最壞情況是什麼 —— 難道你會因此而失去生命嗎？若不會，那還有什麼好怕的。第二步，找出可能發生的最壞情況後，就要在心理上做好接受它的準備。第一步，想方設法改善那種最壞的情況，集中精力解決問題，使情況向好的方面轉化，只要你盡力了，你就可以心平氣和的玩遊戲、唱歌、交新朋友，這些非常舒服，可以使你充滿了歡樂，幾乎忘了煩惱和病痛，即使是一秒鐘以前發生的事情，我們也沒有辦法再回過頭去糾正它，只能改變一些一秒鐘以前發生的事情的影響。惟一可以使過去變成有用的

第二章　快樂一念間：幸福女人要有顆快樂的心

方法，就是平心靜氣分析過去的錯誤，從錯誤中吸取教訓，然後再把錯誤帶來的負擔忘掉。

每個女人都會有不順的時候，試著在最不開心和失敗時對自己說：「這是最糟糕的了，不會再有比這更倒楣的事發生了。」既然「最糟糕的事」都已經發生了，還有什麼可怕的呢？既然已經到了最低谷，那麼以後就該順利了。

尋找快樂，就不可專注於負面的情緒，不要總是提醒自己：「這事上次沒做好，這次千萬不要再出差錯」、「這段路總是出交通事故」等等。否則，只會使心裡更緊張。懂得快樂的人就會避免用失敗的教訓來提醒自己，而常用一些積極性的暗示，比如「這事我最拿手，一定會做好」、「經過這段路時應該減慢速度」等等。這種積極的暗示，比起向自己強調負面結果要好得多。

尋找快樂，就別給自己貼上失敗的「標籤」，不要總是對自己說：「我不行」、「我做不了」、「大家都不喜歡我」等等。其實，真正能夠擊倒你的人恰恰是你自己，你應該多給自己一些激勵與信心，相信自己並不比別人做得差，相信成功一定會屬於快樂的人，你就一定會做一個成功快樂的女人。

懂得調節自己的情緒，笑對人生，滿懷希望尋找快樂的蹤跡，這樣的女人，快樂才能圍繞她跳起優雅的舞步。

第三章
做不抱怨的女人：抱怨男人不如
改變自己

幻想更好便會失去最好

　　任何選擇都是有成本的，這並不難理解，小小年紀，我們就曾體味過。舉個例子，小時候，媽媽問你週末是去動物園呢，還是去植物園，雖然這兩個方你都特別想去，但媽媽只允許你挑其中的一個。當你選擇了去植物園，回來後會悶悶不樂，因為你覺得動物園的小猴子其實才最可愛，當你選擇了去動物園，回來後依舊會悶悶不樂，因為你覺得植物園的花花草草才最漂亮。這是出現在生活裡的選擇成本。

　　如果以最好的另一種方式使用某種資源，它所能生產的價值就是機會成本，也可以稱之為選擇成本。「機會成本」就是失去了尋找和得到比魚和熊掌更珍貴的東西的機會。對大多數人來說，我們時刻都面臨著選擇，也時刻存在著機會成本的問題。

　　14 世紀的時候，法國經院的哲學家布利丹，曾經講過這樣一個意義深刻的哲學故事：一頭活潑可愛的小毛驢，站在兩堆乾草面前猶豫不決，不知道該去吃哪一邊的乾草。因為這兩堆乾草的數量、品質完全一樣，而且，它和這兩堆乾草之間的距離也完全一樣。小毛驢雖然享有充分的選擇自由，但是偏偏這兩堆乾草的價值和效用對它而言絕對相等，讓它無法分辨優劣無法立即取捨，於是它站在原想啊想，漸漸體力不支，最後竟活活給餓死了。

　　布利丹毛驢的故事說明了這樣一個愛情經濟學道理：一個人擁有的條件越優越，在愛情上往往也擁有更為廣闊的選擇空間，但可供選擇的目標越多，他在做出選擇之前，內心經歷的矛盾和衝突也就越多。

　　張愛玲是懂得機會成本的作家，在《紅玫瑰與白玫瑰》的開篇，她如是寫道：也許每一個男子全都有過這樣的兩個女人，至少兩個。娶了紅玫

瑰，久而久之，紅的變了牆上的一抹蚊子血，白的還是「床前明月光」；娶了白玫瑰，白的便是衣服上沾的一粒飯黏子，紅的卻是心口上的一顆硃砂痣。

　　愛情當中的機會成本是怎樣的呢？簡單說，你愛上一個小夥子的機會成本，就是你放棄了所有已經出現，或者還沒有出現的愛你或者你愛的小夥子，在愛情的取捨方面，女人都是小心謹慎的。越來越多的未婚女性在婚姻面前搖擺不定，其實是因為她們覺得她遇到的那個男人還不夠讓她滿意，她們不願意放棄那些將要出現的誘惑。她們希望擁有更多的體驗和收穫，希望自己選擇的那個男人，身上能夠集中她們選擇成本中所有男人身上的優點，唯獨那樣，她們才不會感到遺憾。

　　小優是一個特小資的女孩。二十四歲的她，出落得膚白似雪、長髮飄瀑、楚腰纖細、嬌媚迷人。

　　她現在有五位男性朋友，他們都在追求她，但她不是他們任何一位的女朋友。她承認自己是一個很挑剔的女孩。

　　他們每一個都各有所長，都有令小優欣賞的地方，但都有一些令小優不滿意的地方。

　　A是一位藝術家，也是令人羨慕的金領。他在某大型廣告公司任創作總監。藝術的薰陶令他心細如絲且浪漫多情，不馴的性格令高大英俊的他更顯得瀟灑倜儻。

　　小優自小就喜歡琴棋書畫，有空時喜歡看A的新獲獎作品，也願意與他一起去看名畫家的展覽，如果自己胡亂寫了什麼新詩，發給他時，他總會認真的幫小優修改，給小優建議……小優說：「我喜歡與他在一起的每時每刻，那種感覺如享受一杯馥鬱的黑咖啡，我會慢慢品味其色香味直至最後一滴而意猶未盡。」

第三章　做不抱怨的女人：抱怨男人不如改變自己

　　但他有一顆流浪的心，他想要小優跟他一起浪跡天涯，而她是一個戀家的人，不願意風餐露宿飽受苦累。他一個人出發了，去了西藏整整兩個月杳無音信。小優在心裡慶幸沒有愛上他，和他在一起小優覺得沒有安全感。

　　B君不但多情而且多金。每一個節日他必有貴重禮物送給小優。他剛從美國讀完MBA回來，頗有紳士風範，總是請小優去五星級的酒店吃大餐或者到環境幽雅的西餐廳聊天，他是最會討她喜歡的一個。但她很少跟他一起出去，因為她看不順眼他臉上春風得意的神情，特別是與他的生意夥伴或者他的哥們兒一起時，小優覺得自己只是貼在他臉上的一片金箔。

　　C是為人師表者，才高八斗，溫文爾雅且待人體貼入微，血液裡流淌著中華民族的優良傳統。他從來沒有去過酒吧，不嗜菸酒。小優去過他家時看到他幫父母買菜煮飯，極盡孝心。他出口成章、下筆有神，小優也跟他學了不少寫作的技巧。在來往中感覺到他喜歡上了自己。於是，小優也試著用欣賞的目光來看他。但是時間不長，她就覺得有一種莫名的累。他把小優盯得很緊，他總是想讓小優能夠整天出現在他的面前，如果她沒有空或者在上班時間，他會冷不防打她的手機。小優說：沒有我他好像活不下去了，但是我相信如果他有了我，我會活不下去的。我的私生活中還有朋友、音樂和浪漫。

　　D是一名策劃公司的小有名氣的主持人，並且氣度不凡。他幽默的言談和豐富的見識給小優帶來很多快樂。他們見面的點多數在酒吧，多數是不開心的時候。他一生坎坷滄桑。小優喜歡聽他講自己的故事，講人生的得與失……有時小優也情不自禁多貪了杯，每次喝得有點恍惚的時候，他總會把她送到家門口。他知道她一個人住，但不會進入她的門，這讓她一次次的無言感動。他從來沒有給她送過花，或者一份小小的禮物。因為他

的收入不高，卻花錢如流水，幾乎每個月的薪水不到月底就花光。他們年紀相當，她只是把他當成一個鬚眉知己，不開心呼之即來，不想見他揮之即去。

最後一個 E，是小優往來得最少的一個朋友。不知道算不算男朋友，他們只見過幾次面。他是某軍區高官的獨生子，但是他並沒有高官子弟的臭脾氣。應該說論有權有勢有財可能就數他了。當他用老爸那輛掛著車牌的轎車來接小優去吃飯時，她在車裡如坐針氈。她與他只是若有若無聯繫著。她並不反感他的人，但也不想多見到他。

五個男朋友算不算多呢？

小優說，我覺得已經夠了。在女孩子心目中的白馬王子我都可以在一念之間擁有，可是我止步f所謂的幸福邊緣。我不敢愛，是因為找不到也說不出什麼是完美的愛。

世上沒有十全十美的男人。如果總是在想，以後還會碰到一個更好的，那就可能失去一個最好的。

要避免這些煩惱，愛情經濟學告訴女人的是，理性選擇是實現有限資源F的個人利益最大化，但個人享受生活的能力也是有限的，因此，你不要老是盯著選擇成本耿耿於懷。盡可能多增加對對方的了解，減少資訊不對稱。戀愛對象的身分、地位、財富、容貌、健康、年齡、修養都是你必須考慮的，選擇綜合素養得分最高的那一個。

他的綜合得分越高，你的選擇成本越低，弱水三千，只取一瓢飲，只要那一瓢是最甘甜的，你就不虛此生了。

▍營造一個溫馨的家

　　婚姻是愛情的盟約，是原本傾心相愛的兩顆心澆鑄成的一個家庭，而愛情則是維繫家庭的紐帶。沒有家庭的愛情注定是個悲劇，而沒有愛情的家庭注定是女人的不幸。聰明的女人，不只用心維護家庭生活，還要用心呵護愛情。

　　有個女人特別喜歡騎馬，她渴望有自己的馬，覺得用腳走路很麻煩，也沒有情調。

　　有人對她說，想要得到馬，你必須用你的雙腿來交換，女人一聽，毫不猶豫答應了。

　　騎馬的感覺真是太好了，馬的賓士給她一種飛翔的感覺。可是她漸漸發現，人不能總騎在馬背上，當她下來時才知道，今後的生活是多麼艱難。

　　沒有馬只是一點小小的遺憾，沒有腿卻是終身的苦難。

　　從這則寓言中，女人應該反思：生活中，有多少人砍斷了家庭的雙腿 —— 愛情，而去追尋夢中的白馬？

　　假如忽然有位女人離開這個世界，這世間最悲痛的人一定是她的家眷。她所工作過的方會有人代替她，她的朋友也還會找另外的朋友，只有對於她的親人來講，她才是不可替代的。

　　仔細想想，女人對家庭生活的投入往往超過了對愛情的投入，甚至對親朋好友的關愛。很多女人認為，家庭經營得好了，愛情自然就在。然而，生活真的是這樣嗎？

　　生活中，有的妻子很擅長裝飾屋子，她的家很精緻：柔軟溫和的色調，精緻的裝飾器具，精巧雅致的設計風格，家裡被收拾得纖塵不染。可

是她丈夫卻是一個不太拘小節的男人。在這個精美的空間裡，她的丈夫總覺得不知所措。

丈夫在自己家裡覺得渾身不自在，所以他經常藉故在外面逗留，無意間就疏離了他的妻子。妻子開始抱怨這種生活狀況，陷入長久的苦惱之中，最後兩個人的關係鬧得很僵，不得不分手。

作為女人，意識裡不僅僅要有對家庭環境的經營，還要記得呵護愛情。有了家庭，並不是說愛情就進了保險箱，如果不懂得維護感情生活，家庭生活也將不再溫暖。

一個女人結婚後，總是感覺不如意，抱怨家庭生活單調乏味。每天煩瑣的家務事讓她焦頭爛額，只有擺弄花的時候，她才能找到一點久違的快樂。

一天，這個女人向她的女友傾訴了心中的空虛和寂寞。女友望著她養的花問：「這些花開得如此鮮豔、如此茂盛，你是怎麼照料的？」

這位女人說：「我除了按時澆水施肥，每年還給它們剪枝、鬆土、換盆。天氣好時，搬到屋外面，讓它們吸收陽光；碰上颱風、暴雨，我又把它們搬進屋裡……」

女友打斷了她的話又問：「那麼，你為你的愛情都做了些什麼呢？」

女人頓時語塞，女友的話使她頗感震驚。

從那以後，聰慧的女人開始像養護花草那樣滋養自己的愛情。她買了一大摞丈夫喜歡閱讀的雜誌，還改變了自己，經常找時間與丈夫溝通，而且做家務時也不再怨氣橫生。

丈夫也好像變了樣，一有空就幫她洗衣服、刷碗、打掃屋子，週末還常常陪她出去散步、游泳、打網球等。

慢慢，這位女人和丈夫一起，開始有滋有味享受甜蜜的愛情以及家庭的溫馨。

第三章　做不抱怨的女人：抱怨男人不如改變自己

一個女人，如果能把經營家庭生活的時間留出一點，用來經營愛情，那麼，生活肯定會變成另外的樣子。如果愛情之樹變得根深葉茂，家庭生活也會碩果累累。

促使愛情成長的能力一點都不神祕，幾乎所有的女人都希望愛情可以天長地久，也都願意為之奉獻。關鍵在於，女人必須把愛情當作一項長期的工程，用心經營，精心呵護。

外面的世界充滿風雨，聰明的女人營造一個溫馨的家家庭是女人心中的聖殿，女人必須用愛心精心設計與營造；家庭就像家人共同撐起的一把傘，有了它，即便外面風雨烈日，家人也會依然擁有一方寧靜的天。有人說：男人是天，女人是地。天若塌了，地將暗淡無光；地若陷了，天也將失去依託而不復存在。聰明的女人懂得營造一個溫暖的家，讓天生輝。

有這樣一個故事：

一個女人結婚兩年了，生活並不如意。她與丈夫經常發生矛盾。這樣的日子簡直快把她悶死了，很想離婚，但又拿不定主意，於是決定去女友那諮詢一下。女友是個很有學識，也很有見解的人。最為關鍵的是：女友非常幸福，即使她的家並不富有。

到女友家的時候，女友家正好有人來訪，女人便在書房裡翻著書。女友過來叫她的時候，她正好翻到一個心理測試題：

「春天的鮮花，夏天的溪水，秋天的月亮，冬天的太陽。」從中選一種自己最喜歡的，看看自己是否具有浪漫氣質。女人便邀朋友也做一下。她還說，「我選擇了秋天的月亮，我覺得這簡直有點詩意的憂鬱，這是我最喜歡的境界了。」

女友笑了笑，說：「我選冬天的太陽，你也知道，我家房子冬天會冷，有了冬天的太陽，我的家就溫暖了。」

女人怔怔地看著女友，她終於明白了一個簡單的道理，也明白了為什麼女友擁有著讓人羨慕的幸福。

一個聰明的妻子首先要懂得如何為家庭創造出一個充滿溫馨、安全和舒適的愛的小巢，時時想著家，刻刻為家人著想，才能讓家成為一個愛的港灣。

有一對夫妻，年輕時家裡很窮。家中除了一些必需的簡單生活用品之外，惟一的奢侈品可能就是那臺十四英寸的黑白電視機了。

雖然清貧。但他們彼此寬容、互敬互愛，日子倒也過得閒適，丈夫愛看球賽，妻子愛看電視劇。妻子看電視時，丈夫若無其事在一旁看書：丈夫看球賽的時候，妻子在一旁專注織毛衣。

那一年世界盃的時候，家裡的電視機忽然壞了。裡面的圖像影影綽綽，時隱時現，聲音也沙沙的。平時溫文謙和的丈夫心急如焚。拼命對著電視機拍拍打打；文靜的妻子也放下毛衣，著急的把天線撥來撥去，可是全無效果。

「好了！」隨著妻子驚喜的叫聲，電視畫質又清晰了，聲音也好了起來。「還是你行！」丈夫又坐了下來，妻子也準備做點家務。可剛一離開，圖像又恢復原樣了。回到原地方，畫質又清晰了。「這回可真是好了！」畫質穩定一段時間後，丈夫興高采烈的接著看下去，全身心投入的他沒有注意到妻子一直站在那裡。

比賽結束了，丈夫滿意的抬起身，抬頭正要招呼妻子，卻發現妻子站在電視機旁手扶天線，正在打瞌睡。丈夫叫醒妻子，妻子手一鬆，天線落下。「沙沙……」電視機的螢幕又模糊了，畫質又開始影影綽綽……

後來，他們把家遷到了市區，丈夫特意買了一臺背投的大電視。只是那臺清貧時期的黑白電視機，他們一直珍藏著，捨不得扔掉。

第三章　做不抱怨的女人：抱怨男人不如改變自己

　　家是男人和女人的避風港和加油站，是讓身心最為放鬆的地方，沒有一個幸福的家庭，再有激情的男人也會被折磨得焦頭爛額，再能幹的男人也會感到生活無聊。所以，聰明的女人不會強求丈夫，而是營造一個溫馨的家，讓丈夫感覺到家的溫暖，讓丈夫留戀愛的小屋。

　　女人要過得幸福。家庭的溫馨是必不可少的。聰明的女人不僅將家裡收拾得井井有條，更重要的是讓家裡有一種氛圍，那是缺少了誰都不完整的一種感覺，是一個讓人徹底放鬆身心的所在。

▌包容是相互的

　　永恆的愛需要彼此的包容與付出。生活中的爭吵和責怪，是謀殺愛情的刺客。如果一面臨矛盾就彼此埋怨，這種缺乏寬容的愛是不會持久的。寬容是一種品性修養，是良好心理的外在表現。至於外界的流言飛語，會在雙方的誠信中將其化為烏有。只有寬容的愛，才是持久的愛。

　　那時，她和他是熱戀的情侶。

　　他大她三歲，他並不是每天都會來找她，但電話每晚臨睡前都會響起，說一些天冷了，記得加衣服，晚上別在被窩裡看書的話。

　　所有的人都知道她有一個甘願為她付出的男友。

　　她嘴裡不說，心裡卻是得意的。他長相俊朗，才氣逼人，是不少女孩暗戀的對象，這樣的一個人，卻獨獨對她用情至深。

　　每次他們吵架，他生氣走開，但最後回頭的總是他。他說：「丫頭，我們和好吧。」後來他們在一起生活了，她是玲瓏剔透的女孩，生活的瑣碎讓她不勝其煩，他主動承擔了大部分的家務，照顧她，一如既往的寵著她。

　　但她卻覺得，他開始干預她的生活了。某次她下班和同事喝酒，深夜才回去，他大為震怒，當夜睡到了另一個房間。

　　他們的爭吵不斷，但每次都是他轉身說對不起。雖然她覺得等待他轉身的時間越來越長。後來有一次，他們為一件小事爭吵後，他走出了她的房間。一天，兩天，三天，她等著他轉身。一個星期後，她耐不住這種等待的痛苦，決定到外地待幾天。她想，當她回來的時候，一切都會煙消雲散了。

　　當她回來時，她驚訝的發現，房間裡已經沒有了他的痕跡。他已辭職，去了外地。

　　她沒有想到他會採取這種決絕的方式。她知道自己是深愛著他的，那麼多的爭吵都是因為自己任性，不懂得珍惜。而他，不是一直包容著她，扮演著感情的天使嗎？

　　很久以後，她把這件痛心的往事講給朋友聽。朋友聽了，突然說：「為什麼你不轉身呢？」

　　那一刹那，她淚流滿面，多麼簡單的一句話，可是當初為什麼她沒有轉身呢？

　　又有兩個人決定離婚。他們之間沒有什麼大矛盾，但他們經常是一點小事都要吵幾天。男人賭氣搬進了公司，只留女人守著空蕩蕩的家。

　　晚上，女人打開電腦，忽然收到一封先生發來的郵件。沒有多餘的話，只是敘述他剛剛看到的一段生活場景。

　　「公司所在的那條街上有一對夫妻。丈夫是個孤兒，從小靠撿破爛為生；妻子是個精神病人，平時還好，發起病來就想往外面跑。這天，我看到那個丈夫在街上往回拉自己的妻子。妻子往外用力，丈夫往裡用力。他倆沒有任何爭吵，妻子的臉上可見精神病人常有的瘋癲表情，而丈夫的臉上沒有任何無奈與煩躁，神情坦然。」

第三章　做不抱怨的女人：抱怨男人不如改變自己

　　先生繼續在郵件中寫道：「我看到他們在街上來回拉著，兩個人都在用力，路邊的人一如既往大笑著，可是我的淚落了下來。親愛的，連一件像樣的衣服都沒有，連吃一頓像樣的飯都成問題的夫妻之間，尚有一個清醒的人懂得守住夫妻之道，不離不棄的走過來，而我們生活無憂、神志健全的人為什麼反而做不到呢？」

　　先生最後寫道：「寶貝，我愛你。」

　　來不及關上電腦，太太披上衣服，流著淚往外跑。她只想用最快的速度，實實在在的擁住她最愛的人。

　　學會包容你愛的人，包容你們的婚姻。如果你真的愛他，無論何時，好好的對他說一句「我愛你」。

　　婚姻的第一則箴言：互相寬容。無論多相愛的夫妻也總有不和的時候，唯有互相寬容，才能將這些不和抹平，把婚姻的未來變得甜甜蜜蜜。

　　夫妻之間最重要的基礎是寬容、尊重、信任和真誠。即使對方做錯了什麼，只要心是真誠的，就應該重過程重動機而輕結果，這樣才能有家庭的和睦，夫妻的恩愛。寬容是善待婚姻的最好的方式，充分理解對方的行事做法，不苛求不責怨，如此，必然給對方以愛的源泉，婚姻一定如童話般妙趣橫生。

▌用細節打動愛人

　　一個女人結婚了，朋友們都非常驚詫，不是以為她唐突，而是因為她終於下決心與她熱戀了兩年多的男朋友結婚。

　　她以前受過傷害，大家都知道那個男孩子，當初與她也愛得要死要活，但已經到談婚論嫁時，男孩子卻突然負她而去，給她打擊不小。所以

儘管她與後來的男朋友關係非同一般，但卻不敢輕言「結婚」兩字。男朋友也一直默默的關愛著她，隻字不提那兩個字。

這次，男朋友到福州去進貨，到了那裡才發現貨物價格上漲不少，帶去的錢不夠。男朋友打電話回來叫她匯錢過去。他的存摺就留在她這裡，但他卻沒有告訴她存摺的密碼。也許是忘了，也許是他以為她本來就知道，因為他好多次取錢存錢都是與她一起去的，她應該知道密碼。其實那密碼也無非是他們的生日組合：他是一九六九年五月六日，她是一九七二年二月八日。

與她一起去的朋友在銀行門口等她，她在櫃檯前填了單子，銀行小姐叫她輸密碼時她才想起來自己忘了問男朋友，但事已至此，她隱約記得密碼與生日有關，便輸了六九五六。那是男朋友的出生年月，電腦提示她輸錯了，她又輸了六九七二，又錯了。銀行小姐看了她一眼，她不自在起來，想了一下又輸了五六二八，結果還是錯了。銀行小姐用懷疑的眼光盯著她，她不敢再輸號碼了。在門口等她的朋友走了過來，問了幾句之後，輸了二八五六，結果密碼對了。

在銀行門口，她問朋友怎麼知道的，朋友認真對她說：「他如此的愛你，做什麼事情肯定都會先想到你，然後才是他自己，設密碼也會如此，首先想到你的生日……」她給他匯了錢之後給他打了電話，在電話末了她輕輕的對他說：「回來之後，我們結婚吧……」

愛一個人，最重要的也許不是山盟海誓和甜言蜜語，生活中的一些細節也許更能體現他對你的用情，那才是愛的密碼。

第三章　做不抱怨的女人：抱怨男人不如改變自己

心直口快傷他心

面子對於男人來說，有時甚至比自己生命還重要，寧可承受很大的物質損失，也絕不能丟了面子。所以，不要做心直口快的女人，那樣不僅會傷他的面子，還會很傷他的心。

常言道：「人活一張臉，樹活一層皮。」男人愛面子的心理其實也是情理之中的，因為每個人都希望在人前能夠得到充分的尊重，任何人都不希望自尊心受損，都不喜歡被人看輕。當然，我們也不能否認，很多男人所謂的面子，其實不過是虛偽的自尊在作祟。如果明以是非，可能是根本站不住腳的，不過是「死要面子活受罪」罷了。但無論如何，面子問題仍然是婚姻生活中的禁區，倘若妻子處理不當，往往會惹得老公惱羞成怒，導致夫妻關係緊張，嚴重的還會鬧到離婚的地步。給不給老公留面子，是一個女人成熟不成熟的標誌，也是成為好妻子的一門必修課。

忘記他的不足

一個女人和她深愛的男人結婚了。

婚後不久，女人便感到了深深的失望。她覺得，好像是一夜之間，丈夫變成了她所不熟悉的陌生人。在柴米油鹽的日常生活中，她發現了丈夫很多讓她不滿意的地方。女人在苦惱中，決定和丈夫好好談一次，她覺得，只有這樣，才能擁有幸福的婚姻。

丈夫聽話坐在她面前。她說：「今天我們心平氣和的指出對方的缺點，然後商量如何改變這些缺點。」

丈夫點頭，說：「那你先說我吧。」

她說丈夫粗心，不像戀愛時那樣體貼了；她說丈夫大男子思想嚴重，不主動包攬家務；她說丈夫老是和朋友出去玩，冷落了她；丈夫廚藝不精，炒的菜很難吃，每次洗衣服都洗不乾淨……女人的話匣子一打開，怎麼也收不住，是啊，她心中積聚了太多的不滿意了。

本來她還有很多話要說，可是看到丈夫自責的神情，不由心一軟，說：「現在輪到你說我了，說說看我有哪些地方讓你不滿意，然後我們一起商量如何解決這些問題。」

丈夫搖頭說：「沒有。」

女人不相信自己的耳朵，怎麼會沒有呢？

丈夫肯定說：「真的，對於你，我從來沒有不滿意過。上天把你賜給我為妻，我總是心存感激，我覺得你什麼都好，你又可愛又美麗。」「可是我很任性。」「不，那是你在撒嬌。」「我還蠻不講理。」「不，那是我錯了，你在堅持自己的正確。」女人被丈夫深藏的愛震撼了。她忽然覺得，自己所做的這一切，多可笑啊。在丈夫的懷中，她幸福的笑了。因為她從丈夫的愛中領悟到了婚姻幸福的祕訣。

忘記對方的不足，誇讚對方的優點。給你愛的人多一份包容，對愛你的人多一份理解，這才是婚姻幸福的祕訣！

▌不要輕易抱怨

愛抱怨，似乎是女人的天性。但是，對於男人而講，再沒有比一個嘮嘮叨叨、成天抱怨的女人更讓人退避三舍了。

西方人有這樣的說法 ——「男女在結婚前，主要是男人說話女人聽（因為男人希望女人成為他的妻子，所以總是沒話找話說，而女人也做作

第三章　做不抱怨的女人：抱怨男人不如改變自己

嬌態，裝著耐心的聽）。但在結婚後卻完全相反，這時主要是妻子說話丈夫聽，而到婚後五年，夫妻雙方會大聲的說話，甚至發生爭吵，連左鄰右舍也能聽見。」

夫妻之間要建立融洽的關係，必須要互相理解。現在很多家庭的夫妻之間經常爭吵，其原因就在於互相理解的手段。

促進相互了解的方法便是「傾聽」。

還有，我們要注意的一點是，妻子一般會要求丈夫和自己想法完全一致。所以一旦出現

意見的分歧，妻子會很不理解，甚至發怒。即使對於同一件事情，夫妻的看法可能也不一樣，如果妻子能認真傾聽丈夫的解釋，夫妻關係還是很融洽的。有時候，夫妻之間的爭吵並不是由什麼大不了的原因引起的，往往是由於缺乏交流引起的。

三十多歲這一時期的前幾年，夫妻關係就好像是男女同學一樣，還在互相學習、了解，但到了後幾年，妻子越來越被家務纏身，很難抽身進入社會，只有透過孩子、丈夫這個視窗了解社會，而且丈夫也容易只從自己的角度來考慮問題，所以夫妻之間的相互了解也越來越難，最終發展為互相爭吵。

「圍城」裡難免潛伏著兩個人的戰爭；一觸即發之際，是火上澆油，還是春風化雨，往往決定於妻子的言語。有時候，恰到好處的一句話，不僅能平息爭端、掌握主動，還能讓你們的婚姻在磨合的過程中更親密、融洽而快樂。想知道聰明妻子是怎樣說的嗎？那你一定要首先知道 —— 指責的話剛脫口而出，你就後悔了；和丈夫說話總是生硬的；或者你的本意也許是好的，可說出來卻全變了味 —— 這時一場爭執往往在所難免，錯誤資訊的傳遞眼看就要引發夫妻大戰。如果能有一些更好的方式來表達你

的感情那該有多好……

其實，只是字眼的小小改變就能令你所表達的意思有很大的不同。關鍵在於調節你的情緒不要帶著火氣和抱怨，這才是創造和諧關係的祕密所在。

（一）不要說：「我知道你就會這樣說。」而要說：「你以前就曾經這樣說過，所以它一定還在困擾著你。」

有很多話本身並非責難，除非你用的是含沙射影的語氣。當你面帶挖苦說：「我知道你就會這樣說」時，無異於是在用另一種方式罵你的先生是個「笨蛋、蠢人」。美國西雅圖葛特曼研究院創建者、《婚姻美滿的 7 條準則》一書的作者、哲學博士約翰，高特曼（John Mordecai Gottman）認為：輕蔑會加快婚姻的崩潰。離婚最明顯的徵兆之一往往是無論你丈夫說什麼，你都不屑一顧。

較為明智的表達既真誠考慮到了他的感受又表明你希望能為解決問題做些什麼。對生活中彼此每一點細微之處都試著去體會和溝通，你們的婚姻才會更為牢固，葛特曼建議道：「比如他加班要很晚才能回家，那麼不妨把他最愛看的電視節目錄下來。只有對彼此的目標、焦慮和希望真正有所了解，當要決定重大事件以及出現分歧時，你們才能夠更為妥善共同對待。」

（二）不要說：「你令我簡直快瘋了。」而要說：「你那樣做，我真的很難受。」

你得明確是什麼在影響著你的情緒，奧爾森博士認為。籠統否定一切只會令婚姻關係愈加緊張，「特別是解釋清楚你生氣的理由」極為重要。

你需要強調他的行為帶給你的感受，但不要列出一大堆的抱怨和委屈清單。記住：一次只指出一個問題，諸如，「當我想跟你說話而你只顧自己看電視時，真的叫我很難受。」

第三章　做不抱怨的女人：抱怨男人不如改變自己

　　越早說出自己當時的感受越好。奧爾森博士解釋說，「你令我簡直快瘋了」這句話意味著你的情緒經過長時間的壓抑之後已經上升到了一個過激的水準。

（三）不要說：「這事你一直就沒做對過。」而要說：「你是做了很多努力，但用這種方式是不是太費勁了。」

　　責備你的另一半的行為不當，你往往會指出做這件事正確和錯誤的方法。雖然看上去你的方法可能最好，可事實上它常常是帶有主觀偏好的。葛特曼博士指出：「責難會使夫妻感情疏遠。」家庭中兩個人要做到相互平等，葛特曼博士舉例說，當需要做家務活兒時，男人們必須拋掉讓自己很舒服的想法；而女人也得放棄控制男人完成這件事的過程。「顯然，做他的顧問比對他指手劃腳效果要好得多。」

　　不要吝嗇對他的感激和肯定之詞，這會令他樂於繼續堅持下去。幸福的夫妻往往建立在彼此欣賞的基礎上。他們會常常互相讚美，哪怕是日常生活中最細枝末節的地方，他們也不會忘記說聲謝謝。

（四）不要說：「為什麼你總是不聽我說？」而要說：「這對我真的很重要。」

　　說你的伴侶總是不聽你的不僅是責備而且還誇大了怨氣。畢竟，即使是最不虛心的人對你所說的話也會在意的。

　　而以「這對我真的很重要」這句話作為開場，則會為你打開一扇進行建設性對話的大門。

（五）不要說：「說得對，我正是要離開你！」而要說：「那樣會給我一種想要離開你的感覺。」

威脅聽上去好像很引人注意，但它們往往很危險，而且不給進一步的交談留一點餘。你的丈夫可能會對你說「再見」，或者譏諷你不過是做做樣子，而這兩種結果都是對你的一種羞辱。

就算你確實怒氣衝天一走了之，你們的關係也不會就此結束，尤其還要牽涉到孩子的問題。

把那些一觸即發的衝動放在心裡，畢竟你「並不真的想要離開」，尋求能彼此進行交流的途徑。在這種情況下，只要夫妻間的關係還沒有破裂，說出真實的感受有助於接觸到問題的根本。不過，對於大多數婚姻而言，動不動就用離婚來進行威脅，只能隨著時間的推移而變成現實。

（六）不要說：「沒什麼不對。有什麼讓你覺得不對的？」而要說：「是的，有些事確實有問題。」

回避問題只會讓事情更糟。傷口總是會化膿的，你的痛苦會將你們的關係拋向更為混亂的境，並逐漸深化。

首先，承認有不對勁的地方，即使你並不準備立即談論此事。這樣做有助於消除緊張氣氛並使你們兩人處於尋求解決之道的同一條路徑上。然後，計畫好（第二天晚上或是這個週末）大家坐下來慎重的談論雙方的問題。

在上床之前解決問題是明智之舉。但瑪克曼指出，如果雙方對某些問題存在嚴重衝突，那麼「在上床前硬要將這些煩心事弄出個所以然就並不恰當。」他建議，暫時將怨氣放在一邊，直到你找到能夠處理問題的時間。在你感到不那麼疲憊和累的時候，會更容易發現解決問題的方案。

（七）不要說：「你總是偏袒孩子。」而要說：「父母作為一個整體，我們的意見需要更為統一。」

「總是」這個詞是一個紅色的危險字眼，充滿譴責並常常引發怒火。而且你的丈夫也會因此而處於防禦狀態，武裝自己只待「一戰」。

教育孩子方面頻繁的意見相左不僅會產生反作用還可能造成家庭分裂。生活在吵吵鬧鬧的父母中間，孩子會對你們的不和漸漸習以為常。他們也許會把你們婚姻的不幸歸咎到自己身上。所以在處理這方面的分歧時一定要避開孩子：將所有的委屈以及意見都暫時保留一下。如果你們之間育兒哲學的差異已經大到影響婚姻的程度，你們不妨聽聽馬克曼博士的建議：「昨天晚上我在輔導孩子做功課時，你對他說不一定非得完成。我覺得你這樣削弱了我

對他的教育。而且對孩子也沒有幫助。你怎麼看呢？」然後聽丈夫作何回答。

（八）不要說：「你怎麼能那樣對我？」而要說：「這傷害了我的感情。什麼原因你會那樣做？」

有不少夫妻在相互指責時都扮演了受害者的角色。瑪克曼解釋說：「它間接的表達著你心中的怨氣、遭到的羞辱和背叛。」你需要了解你的伴侶這樣做的目的。例如說：「你沒給我打電話我感到很傷心。是什麼原因使你昨天晚上不和我說聲那麼晚還離開家呢？」這樣說之後，你們兩個人才能以建設性（而不是破壞性）的態度表達各自的觀點，從而打破僵局。採用這種方式還意味著你已做好真正聽他說出事實的準備。

喋喋不休是幸福婚姻的禁忌

我們常常聽到自己的媽媽或者別人家的阿姨每天不停的數落自己的孩子和老公，哪怕是一點小事，讓你覺得可怕。可是當你步入婚姻後，就會逐漸發現自己也變得愛嘮叨了，為什麼呢？

結婚前，很少有女人愛嘮叨，因為她們比較輕鬆，哪兒用得著擔心家庭問題、孩子問題。可結婚之後，女人漸漸變得愛嘮叨了，尤其是上了一些年歲的女人。原因主要是，青春的流逝讓她們倍感傷心與無奈，同時，在生活工作中力不從心的感覺也讓她們焦躁。偏偏她們的苦惱又得不到別人的理解，比如掙扎在社會夾縫裡的丈夫和正處於叛逆期的子女。在這種情況下，她們只有通過不斷重複自己的觀點，來吸引人們的注意，直至這種行為成為一種習慣。

（一）一個男人的「哭訴」

一個不能忍受妻子嘮叨的男人曾這樣說：

我需要幫助，我娶了個嘮叨「皇后」，我再也受不了她無休無止的抱怨和騷擾了。從我回到家一直到上床睡覺，她總是不停嘮叨。我們之間的關係已經到了這樣的步：我們唯一的交流就是她斥責我今天還沒有做什麼，這周還沒有做什麼，這個月還沒有做什麼，甚至指責我從結婚以來還沒有做什麼。我的處境如此艱難，以至於下班都不願意回家，而是主動向老闆要求加班。你相信嗎，我寧願工作也不願意回家。聽她無休止的抱怨對我是最大的折磨。

看到這些觸目驚心的形容，那些在生活中喋喋不休的女人，是不是應該好好反省一下了，你們真愛自己的丈夫，就少說點話吧，話不在多，點

第三章　做不抱怨的女人：抱怨男人不如改變自己

到為止，讓他們有一個清淨的耳根有時是對他們最大的「恩賜」。當然，不是所有的問題都能在「點到為止」後得到改善，有問題是需要溝通的，無止的嘮叨不可取，但需要尋找適合的方式進行溝通，而不是就此沉默。女性若能掌握好這個度，是家庭建設的良法之一。

（二）喋喋不休 —— 家庭的噩夢

絕大多數女人通常都不承認自己的嘮叨，而是認為自己在生活中扮演的是「提醒」的角色 —— 提醒男人完成他們必須做的事情：做家務，吃藥，修理壞了的傢俱、電器，把他們弄亂的方收拾整齊……但是，男人可不這樣看待女人的嘮叨。

女人的生活中充滿了責怪：責怪男人不該把溼毛巾扔在床上，不該脫了襪子隨手亂扔，不該總是忘了倒垃圾……當然，女人也知道這樣做很容易激怒對方，但她認為對付男人的辦法就是反反覆覆的重複某條規則，直到有一天這條規則終於在男人的心裡生了根為止。她覺得她所抱怨的事情都是有事實根據的，所以，儘管明明知道會惹惱對方，還是有充分的理由去抱怨。

在男人看來，嘮叨就像漏水的龍頭一樣，把他的耐心慢慢消耗殆盡，並且逐漸累積起一種憎惡。世界各的男人都把嘮叨列在最討厭的事情之首。

心理研究人員發現，無論男人還是女人，哪怕是孩子，無休止的嘮叨或指責對他們來講，都是一種間接的、否定性的、侵略性的行為，會引起對方的極大反感 —— 輕則使被嘮叨者躲進「報紙」、「電視」、「電腦」等掩體裡變得麻木不仁；重則腐蝕夫妻關係，點燃家庭戰火。所以有人說，世界上最厲害的婚姻殺手，莫過於男人覺得妻子越來越像媽，而女人發現丈夫越來越像不成熟的、懶惰的、自私的小男孩。不僅如此，生長在愛嘮叨家庭裡的孩子，很容易成為軟弱無能、缺乏個性的人。

因此，一個嘮叨的女人，對整個家庭來說都是噩夢。試想當疲憊的丈夫回到家裡，便陷入毫無頭緒的抱怨和痛苦之中的話，這時他最想做的，恐怕就是蒙頭衝出家門。

（三）說話是一門藝術

聰明的女人們，如果發現自己不知不覺中變得愛嘮叨了，特別是家人開始對自己有不滿情緒了，就要引起高度重視了，這表明你需要學習家庭溝通藝術了。

＊ **不要重複說同一句話**：訓練自己把話只講一遍，然後就忘掉它。如果你必須很不耐煩的提醒你的丈夫六七次，說他曾經答應過要一起去做某件事。莫如只認真的對他說一次，如果他現在已經在做了，你就不用再浪費唇舌多說幾遍了。

＊ **說話時要找準時機**：傍晚時分，一家人身心都很疲倦的情況下，嘮叨會成為家庭矛盾的導火線。智慧的主婦會創造一個溫馨的港灣來接納家人，夫妻間的矛盾到了臥室再談，就會緩和許多。

＊ **好好培養一下自己的幽默感，它會使你常常保持良好的心情**：如果你對芝麻大小的事也會生氣，早晚會精神崩潰的。所以要學會用寬容幽默的態度對待生活中不如意的事，而不是整天緊繃著臉。更別為了一些微不足道的芝麻小事，而將愛情變成了怨恨。

（四）幸福只需後退一小步

有這樣一對男女：他和大多數男人一樣，粗枝大葉；她和大多數女子一樣，心細如發。於是新婚不久，他們的戰爭就常常一觸即發。

在爭吵後，她總是一扭身走進臥室，狂生悶氣；而他則掉頭坐在電腦

第三章 做不抱怨的女人：抱怨男人不如改變自己

前，狂打遊戲；想起他的漫不經心，她越來越憂鬱；想起她的斤斤計較，他越來越煩悶。於是，兩人互不相讓，越鬧越僵……

就這樣年復一年，日子單調的重複著，戰爭開始有了一些惡性循環的跡象。有一天，在爭吵過後，他在遊戲中不斷過關斬將時，忽然怔怔的想：頻繁的生氣對她的身體必是有害的吧？既然我們的戰爭無關感情，也無關他人，我何不後退一步，將它結束在萌芽狀態呢？

於是，新的戰爭開始時，男人便不斷提醒自己：鎮靜，不要輕易動氣。女人沒了對手，自然不再糾纏，戰爭便很快平息。

男人的改變女人自然也看在眼裡，她發現男人在有意讓著自己，心下暗暗思量：下次發脾氣前，一定先想想，該發的發，不該發的，切不可胡攪蠻纏，省得被他小看。於是女人在發火時會先想想：男人做錯的事，是有意還是無意，是習慣還是偶然。隨著她的略一沉吟，怒火早已熄滅了大半。

生活中沒有了摩擦，女人在平淡的生活中，漸漸品出了甜蜜的味道。散步時喜歡拉著他的手，睡覺時重新枕起他的胳膊，出差時心底便生出了許多牽掛。那種感覺，有些像戀人間的卿卿我我，又似融入了血脈親情後的相依相偎。昔日美麗的情懷，就像春天裡翻飛的彩蝶，翩翩然飛了回來。

漸漸的，女人變得更加含蓄內斂，言語中少了幾分責怨，多了幾許輕柔，勸男人不抽菸少喝酒工作別太拼命，聽得男人感激涕零。見慣了世態炎涼的他，越發覺得女人賢淑溫良，於是除了被動讓步，也嘗試著給她一些主動的關懷。見她容顏漸老，時常露出淡淡失落的神態，便主動幫她分擔些家務，還搜腸刮肚，說一些安慰的話語。

　　在溫馨的氛圍中，日子已被他們晃晃悠悠的過到了中年。金錢和容貌在此時變得不再重要，重要的，是如何健健康康的長相廝守。她開始擔心他的腎，他悄悄擔心她的胃，他們一起珍惜著餘下的共同的光陰。

　　回首過去的日子，他們會含笑靜想 —— 幸福，有時只需後退一小步。

第三章　做不抱怨的女人：抱怨男人不如改變自己

第四章
破譯愛情的幸福密碼：愛情可以
沒有盲區

第四章　破譯愛情的幸福密碼：愛情可以沒有盲區

▌睜開雙眼談戀愛

　　一個出色的女人，她的愛是理智的愛，但不缺乏激情；她的愛是執著的愛，但不做情感的俘虜。睜開雙眼談戀愛，才不會在情路上迷失自我。

　　女人為情而生，為愛而死。情與愛，是一個女人最不可或缺的精神食糧，是女人生命的支柱。

　　然而，戀愛中的女人容易盲目，以為只要一切都聽他的就可以獲得他永遠的愛戀。其實不然，當他膩味了你的一貫順從和忍耐時，他就會覺得你淡而無味。愛情應該是雙方的付出，要在互相愛戀的前提下，互相慰藉，互相理解，互相體貼，而不是一廂情願。

　　戀愛中的女人常常為了一份心跳的感覺而忽視很多生活細節，即使偶爾感覺到了一些不妥也會以種種理由為對方開脫，終於有一天發現這個讓自己傾心付出的男人並不是真的愛自己。

　　女人應該睜開雙眼談戀愛，跟著感覺走只會在甜膩的愛情中越走越遠，喪失自我。在選擇愛情的另一半時，更是應該擦亮雙眼，看看對方是否值得你真心投入，如果答案是否定的，那麼就應該立刻從這段感情中抽離而出，免得受到更大的傷害，千萬不要被一時的甜蜜沖昏了頭腦，那樣只會後悔莫及。

　　跟與你差距太大的男人說再見。假如他各方面的條件都比你差，他的自尊心會讓他甘心擁有一個什麼都高過自己的愛人嗎？你的出色更會激發一些素養差的男人的逆反心理，變相的從精神上虐待你，這樣的一段感情痛苦肯定要大於快樂。假如他條件很高，簡直是過於優秀了，你能保證今後的每一天他都能像今天這樣溫柔對你嗎？你難道不擔心有太多比你強的女子在覬覦你的位置？這樣的感情毫無安全感可言，千萬不要因為虛榮心

一時得到滿足就格外珍視它，把自己置於一個很低的位置。

跟「大男子主義」的男人說再見。這種男人具有很強的優越感，打心眼裡覺得女人只是個副產品，做他的妻子就應該理所當然成為他的附庸，緊緊跟著他，為他服務，誇張一點說，他需要的不是愛人，而是女傭。他對女性沒有尊重的習慣，更不會平等相待，他的意見就是你們兩個人的意見，他才不想聽到從你口中傳來不同的聲音。這種感情令人窒息，企圖得到這種男人的真愛，幾乎是不可能的任務。

跟愛吃醋的男人說再見。這種男人自卑感過於強烈，非常害怕失去你，你身邊的每一個男人都會成為他的假想敵，他給你的愛活像一座監獄，你不能和任何男人多打一個招呼，多說一句話，手機裡全是他「查勤」的短信，下班晚五分鐘也要接受他沒完沒了的盤問……也許你覺得這是他愛你的表現，但是你失去的，可是他對你的信任和最起碼的尊重。

跟拈花惹草的男人說再見。如果說前面幾種男人總還有一點可取之處，那麼風流成性的男人則應該立刻打入拒絕往來的黑名單。愛情是脆弱的，沒有忠誠的泉水澆灌和滋潤，很快便會枯萎。這種男人卻色心不改，到處追逐美女，新鮮勁一過去，便又開始尋找新的對象。他們沒有一點對愛情負責的態度和打算，仗著自己有些錢，或者有點小名聲招蜂引蝶，心非常卑劣。

總之，只有睜開雙眼，用你的蘭心蕙質去看穿男人光鮮外表下的內心是否隱藏著污穢，你才不至於浪費自己彌足珍貴的感情。你的愛情是智慧的，是清醒的，只留給最值得你愛的那個人。

張愛玲，中國現代女作家，一位孤僻的天才。她與胡蘭成的愛情悲歌，至今仍令人唏噓不已。

張愛玲與胡蘭成相識時，胡是有妻室的，並且因政治原因曾在南京入

第四章　破譯愛情的幸福密碼：愛情可以沒有盲區

獄。她卻對這一切都不以為意，只覺得愛是自己的，其餘的都是別人的，無需考慮。在渾然不覺中，她在愛情這個問題上失去了慧眼，喪失了判斷力，只是盲目的、投入的去愛。

胡蘭成在張愛玲面前從不掩飾自己的浪子本性，張愛玲明知他不愛家、不愛國、諸事荒唐無所謂，可依然覺得他會好好愛自己。甚至當胡蘭成告訴她自己是個沒有離愁的人，張愛玲也只是一味的欣賞，不曾想到人若冷酷至此，不是無情又是什麼。

在送給胡蘭成的第一張照片後，張愛玲寫道：「見了他，她變得很低很低，低到塵埃裡，但她心裡是歡喜的，從塵埃裡開出花來。」愛讓高傲的她變得謙卑至此，然而她卻沒有想過，一個男人得知已經徹底征服了面前的女人，便會很容易對她失去興趣，不再神魂顛倒。愛與謙卑可以在心裡，卻沒必要告訴他。愛到一百分，只告訴他十分即可，否則太多的愛便會令他不自覺的看輕了你。

婚後不到兩年，胡蘭成在武漢娶了護士周訓德，在溫州又與范秀美有了情事。他以張愛玲通透豁達慷慨為由，明目張膽的欺負她。張愛玲去溫州看胡蘭成，胡蘭成不喜反怒，還說什麼：「夫妻患難相從，千里迢迢特為來看我，此是世人之事，但愛玲也這樣，我只覺不宜。」胡蘭成將張愛玲安排在火車站旁邊的一個小旅館裡，白天陪她，晚上陪范秀美。儘管胡蘭成沒有告訴張愛玲自己與范秀美的關係，然而聰明如她，怎不一望即知。她黯然離去。

經過一年半長時間的考慮，張愛玲寫信給胡蘭成，提出分手。「你不要來尋我，即或寫信來，我亦是不看的了。」後來胡蘭成曾寫信給張愛玲的好友，流露挽留之意，張愛玲也沒有回信。這段曠世絕戀最終以暗淡的結局收尾。

聰明如張愛玲，亦會在愛情中犯種種錯誤，亦會遭遇曠世浪子，亦會傷心萎謝，實在令人嘆息。在愛情中迷失了自我，沒有掌握好愛的分寸，是她無法收穫美好愛情的原因之一。

愛情應該有分寸，應該保持適當的溫度和距離，才能使雙方永遠如沐春風，永遠不產生厭倦。

永遠不說多愛你。女人永遠不要讓男人知道你愛他，他會因此而自大。

適度保持神祕感。不要讓男人輕易看透自己，從而採用各種伎倆將女人玩弄於股掌之間。

不要遷就太多。誰也不欠誰的，愛他是他的福氣。在戀愛中兩個人都是主角，要有自己的主見，懂得適當拒絕。

不要天天廝混。愛情的生命力是有限的，要讓愛情壽命長一點就要保持適當的距離。

不要把他當成全部。要有自己的社交圈子，別一談戀愛就原蒸發，和所有的朋友都斷了來往，這只會讓你的生活越來越狹窄。

不要在愛情中失去自己。愛情是有一定原則的，即使在愛情中女人也不能失去了自己。

女人是最容易在愛情中丟失自己的，多少女性為了愛情而把自己完全改變。在一段新的愛情展開時，為了得到心愛的人的喜愛，女人往往讓自己表現得如他喜歡的樣子，說他愛聽的話，穿他喜歡的衣服，做他喜歡的事。但是過一段時間以後，你突然感覺到你已經不是原來的自己了，而當初他選擇你也許就因為你有你獨特的味道，但現在你卻失去了被他看中的東西。

因此，你應該開始檢查自己的內在需求，問問自己究竟需要什麼，自己為什麼不能鼓起勇氣說不想為取悅他而改變。同時，求助於自己的知心

第四章　破譯愛情的幸福密碼：愛情可以沒有盲區

朋友，她們可以幫助你重新審視自己的處境，給你一些建議。你應該把握好自己的底線，在和愛人爭執的時候，記住那些是不可以妥協的。切記你的價值並非建立在他的認同上，你有權做主，也有犯錯誤的權利。你必須堅持自己的立場。每個人都有被尊重的權利，如果他連你保持自主都不肯，那麼這樣的人不要也罷。

卡米耶·克洛岱爾（Camille Claudel），是一個獨立的雕塑家，她是羅丹的情人，最後卻成了羅丹最堅定也最絕望的敵人，一場刻骨銘心卻毫無希望的愛情將他們一起毀滅。

在她十七歲的時候，經人引薦給羅丹做他的學生，那時羅丹已經四十一歲了。她的天才很快引起了大師的注意、震驚、認可。他說她根本不再需要老師，她可以邊做邊學。她雕刻出的羅丹頭像令羅丹本人也嘆為觀止。他們在雕塑藝術上極為相似的創作理念和共同的激情使他們很快走到一起，陷入了熱戀與劇烈的幸福感之中。這段感情像蠟燭照亮了羅丹的生命，帶給了他全新的意義，他滿含熱情的說她是他靈感的惟一泉源，她所有的正是他所失去了的。他們的愛在某種意義上造就了羅丹，或者至少提升了羅丹，正是在他們相戀並一同工作的這段時期，羅丹的作品有了顯著的變化，本已快要枯竭的他重新得到了力量，開始出現「細膩的肉體及靈敏的感性」，創作出了一系列令人心醉神迷的傑作，他的《巴爾扎克》、《地獄之門》等作品中也融入了卡米耶的構思和手筆。然而對卡米耶來說，結果卻是突兀的，難以想像的災難，他們的愛最終竟成了割裂其藝術生命的利劍。

在那之前，羅丹已經有一個同居多年的情人瑪麗，還有他們的孩子，他沒有同瑪麗結婚，也沒有同卡蜜兒結婚，即使卡米耶也懷了他的孩子。驚恐而嫉妒的瑪麗沖進卡蜜兒的工作室質問並幾乎傷害她。卡米耶隱瞞了

98

真相，獨自承擔起了苦澀的懲罰。她是驕傲的，驕傲到不屑於去乞求幫助。她夾在巨大的社會壓力下，夾在她的情人和她情人的情婦的陰影下，她最終忍受不了這一切。她的愛是至真至誠的，然而，她的愛也使她變得盲目，她徹底迷失了自我，只會盲目的妥協，從來沒為自己著想，終於失去了一切，包括她未出世的孩子。

在卡米耶的雕塑中，有一尊唯一的、美麗的兒童頭像。那樣柔軟安詳的線條，那樣純潔的神態，象徵著她渴望卻永遠無法獲得的一切，讀懂她的經歷再來看這尊雕像，幾乎可以想像的出她對著它流了多少淚水。

她和羅丹之間的裂縫已經越來越大，卡米耶不滿羅丹為了大師的地位和政界掛鉤，不滿羅丹的作品越來越商業化，她建立起來的精神偶像正在她心中逐漸坍塌，她驚恐懷疑，甚至對自己也不再認同。他們終於正式分手，這時，她在精神上已經出現了嚴重的危機，她的創作也受到了社會的質疑和批評，她把這一切歸咎於羅丹，他成了她幻想中迫害她的仇敵。她丟棄了第一件為羅丹創作的雕塑，有他親筆簽名的一隻大理石的腳；在暴雨肆虐的深夜，她蜷縮在路旁漆黑的角落，凝視著羅丹的身影走過，凝視著他和情人攙扶著走進屬於他們的家。一切都結束了。終於，在一個夜裡，她舉起沉重的鐵錘，將多年心血澆鑄成的作品一件件擊碎。然後，她扔下了鐵錘，也扔下了刻刀，扔下了她的黏土、石頭和青銅，扔下了她的靈魂。她徹底崩潰了，被正式送入精神病院。當天，她無限熱愛與憎恨的羅丹中風癱瘓。他們愛與生命的希望在同一時刻終結。

傳說有一種荊棘鳥。它自巢窩就開始尋找荊棘樹，歷經千辛萬苦找到之後，便把自己的身體紮在最長、最鋒利的荊棘枝上，然後，它放開歌喉，唱出一生中惟一的一曲，這歌聲宛如天籟，凡塵任何精靈都不可能發出如此美妙的聲音。這聲音是小鳥用生命換來的，也許最美好的東西都是

用最深刻的痛楚換來的。女人追求愛情也像這荊棘鳥般執著和癡迷，為了愛義無反顧付出全部，卻讓自己傷痕累累、痛不欲生。

有多少或悲或喜的愛情故事，就有多少癡心女子的情淚。女人本不該讓自己淪為愛情的奴隸，任人擺布。盲目愛著，最後只能以痛苦結束。自憐自傷的女人多麼可悲，早知今日，為何不在這段感情產生之時就理智看清可能的後果，果斷選擇是繼續還是放棄。

一個出色的女人，她的愛是理智的愛，但不缺乏激情，她的愛是執著的愛，但不做情感的俘虜。睜開雙眼談戀愛，才不會在情路上迷失自我。

有人說婚姻能使女性開始新的人生；也有人說，女人生命中最重要的莫過於婚姻了，甜蜜與憂傷，忍耐與欣慰，獲得與失去，往往在婚姻中血肉相連，互生互長，無法割裂。

▎過分遷就是隱患

我認識一個女人，漂亮、高貴、優雅、含蓄，而且還有一份相當不錯的工作，她已經三十歲了，一直沒有交男朋友。去年終於遇到了一個讓她動心的男人，那是一個很有男人味的男人，也很陽剛，並且比她小幾友，是眾多女人心儀的對象。她自己都不知道交了什麼好運，這個男人居然選擇了她。可是她最近總是悶悶不樂。我很奇怪，詢問之下她才說出緣由，她愛這個男人愛得很辛苦。正是因為這份愛情來之不易，所以，她很珍惜這份感情，就一味遷就他，幾乎從不讓他失望。交往了沒幾天，男人就提出了性要求，一直潔身自好的女人在前思後想之後還是將自己毫無保留的交給了他。不知道是不是所有陽剛的男人都比較任性與固執，還是因為年齡的原因，男人從一開始就表現出了他的任性；而女人因為愛著他，也因

為已經有了性關係，所以對他幾乎是有求必應。但是男人的要求一再升溫，一開始僅僅是一些微不足道的小事上需要女人讓步，後來開始花樣層出不窮，從各種難以忍受的性愛姿勢到許多其他大事小事，男人一再向女人索求著讓步。後來，如果女人有一點沒有滿足他，他就會甩手走人，甚至去外面找女人過夜。於是，女人就總是毫無原則的讓步，以至於影響了平時的工作。

聽了這個女人的訴說，不得不想到「包容」與「遷就」。這是兩個對婚姻與愛情同等重要的詞。很多女人對男人都犯了這樣的錯誤：她們忽略了包容不等於無限制的遷就，包容也不等於沒有原則的讓步。男人剛開始大都任性，但並沒有任性到無可救藥的地步，往往都是女人的遷就把男人給慣壞了。而男人也將會回過頭來抓住了女人凡事遷就的弱點，就開始變本加厲、囂張起來了。兩個人的事情需要兩個人來解決，也就是說光靠一個人的努力是沒有用的。你退他進，遲早有一天男人的要求你不能滿足的時候，他會大發雷霆甩手走人。因為你的遷就已經讓他習慣了，他認為你就代表著遷就，等你遷就不了的時候，他的胃口也不能滿足了；而在你身上已經沒有了自我，男人也看不到平等，因此，最終事業理所當然。可是火山還是爆發了，女人在半個月的失蹤後回到家中，丈夫提出了離婚。

我們說是這個丈夫錯了還是妻子錯了？很多人都說丈夫錯了，但我卻認為丈夫沒錯。他一直在包容著妻子的職業，也包容著妻子的習慣，但是他在包容不了的時候沒有選擇遷就，而是提出了必須有一個結果：要麼不要讓工作太影響家庭，要麼就選擇放棄家庭。這其實也是丈夫的權利，他有權不再包容，也有權選擇不再繼續遷就，因為這是兩個人的事。

這也是很多女人想不明白的原因：他明明說包容我嘛，我讓他背著我走一段路都不成；我只是想要雙新鞋嘛，為什麼他就不買……雖然說這是

101

第四章　破譯愛情的幸福密碼：愛情可以沒有盲區

小事，但對於包容與遷就的施予方來說，他也有權選擇不遷就，尤其是無限制的遷就。

現在很多女人都會因為男人沒有滿足她的一個小小願望而認為他不夠愛她，最後提出分手，結果不是男人妥協就是真的分道揚鑣。這實際是很不理智也很不公平的做法，女人首先要從平等的角度去看待戀愛的雙方，也要不時設身處為對方想想，戀愛不是縱容自己的場所，也不是威脅男人的籌碼。試想一下，如果一個男人對你言聽計從，沒有任何主見與想法，你是不是遲早也會對他厭倦？那麼對於包容與過分遷就做個很好的衡量，為冤死的男人翻案吧！

女人，請記住，對於愛情，男人和女人是平等的，無論是男人還是女人都不是對方的奴隸，都有拒絕的權利，只有這樣，平等的愛情才能長久，因為包容不是無限制的遷就！

▋女人的四大愛情陷阱

女人總是在渴望戀愛，這種渴望也許剛開始和婚姻無關。許多男人總覺得女人是很難懂的情緒化動物，總是摸不透女人在想什麼。尤其是在認識之初，女人的遊戲規則時常在變化著，總讓男人覺得是在霧裡看花，像過家家一樣。男人喜歡上一個女人，通常都會很迅速進入狀態，直接而又單純的接近對方，甚至帶點挑戰與征服的意味；而女人可就含蓄多了！多數女人剛開始與一個男人交往時都是非常小心謹慎甚至有些歇斯底里，隨著時間的流逝，當女人愛上這個男人時就表現得異常親密及依賴。而這種一百八十度的轉變總會讓男人感覺到手足無措，沒了章節。這其實就像女人在性方面一樣，女人的愛與『生的感覺一樣來得慢，但也去得慢，可男人一

102

般都是來得容易，一旦要去了，也就會如同迅雷不及掩耳之勢。要不怎麼會有這樣的說法：女人最難以忘記的是自己的初戀，而男人只愛最後一個。

但是，女人一生最不願意承受的莫過於失戀，雖然最優秀的女人也是誕生於最痛苦的失戀之中，但最痛苦的失戀卻是源於最深刻的愛。可是沒有任何一個女人願意為了抱有成功的幻想而專門去找失戀，因為女人對愛情的崇尚程度遠遠大於其他方面所帶來的成就感。一般女人的失戀，大概是由四種情況引起的：

第一種是愛上了不能愛的人。已婚男人是絕對不能愛的，那純粹屬於自討苦吃。如果被一個已經有老婆的男人擒獲，那麼最終受傷害的也只能是女人自己，男人卻是以他「無可奈何」的現有婚姻來作為藉口而讓女人失戀。這種男人一般捕獲女人芳心的手段也大致都有章可循，要麼是隱瞞已婚事實，等女人知道時已經進了男人的圈套而為時已晚了；要麼就是以他的婚姻或生活如何如何不幸，沒有知心朋友來作為接近女人的藉口，那麼善良的女人自然在安慰他的過程中就被男人的手段蒙蔽，最後落到了他的手中。

第二種是愛上了不懂愛的人。這種男人絕對不是女人首選的對象，也是最好不去愛的對象。如果女人愛上了他，在追逐的過程中會越陷越深，而男人讀不懂她，只是一句：你不是我想像的那種女人。其實，這種男人自己也不知道應該愛什麼樣的女人，但受傷的依然還是女人。

第三種愛上了不該愛的人，也是最不值得愛的人。這種男人極其花心，也許他並不知道自己花心，當初也的確是彼此相愛著，但最後他又愛上了別的女人，女人留也留不住，也就只能獨自傷心了。

還有最後一種，也是最具有戲劇效果的一種，卻是由女人自己的決定而失去了大好機會。當這個男人追求女人的時候，女人還在留戀別人或者

第四章　破譯愛情的幸福密碼：愛情可以沒有盲區

還沒有愛上他，因為女人愛情反應慢的特徵而延誤了對愛的反應速度，所以錯過了。等再次相遇的時候，卻發現自己原來愛著他，可他已「名士有主」，這種「遲來的失戀」也很折磨女人。

在戀愛中，男人往往是被愛的對象，而女人卻是付出的一方。無論怎麼防範，女人可能還是逃不出失戀的魔掌，因為，聰明的男人總是能讓女人快速進入狀態，這樣女人就會變得被動，最終受傷的也只能是女人。那麼女人，你知道自己平時的哪些舉動在向男人透露著愛情心理的弱點嗎？你有沒有給自己留下很足夠的愛情思考餘地？如果不知道，那就會很快落入愛男人的命運中。最後失戀了，一般女人都會詛咒男人是如何的卑鄙，卻不知道陷阱是自己給自己挖出來的，那不妨先了解一下自己，再尋找對策。

其實一個女人的眼神時常會透露出自己的愛情心理，而男人首先是在眼神中判斷一個女人的愛情弱點的。大部分東方女人在與男人擦肩而過時都會不由自主的將頭低下，這個男人如果是個謙謙君子，這淑女的羞澀會讓男人更加珍惜與謹慎，但如果是心懷叵測的男人則會有對策等著你。因為這其中也有很深的奧妙。當女人與心儀的男人不期而遇時，一般在看見他的同時會不由自主的低頭，即使想再看一眼，也是偷偷用眼角瞄，因為大部分女性怕自己表現出對男性的好感，會給人家隨便、輕浮的感覺。那麼居心叵測的男人便會抓住你的一低頭，一瞄眼，然後從你對他的心儀入手，大力出擊，你就會顯得非常被動了。因為這將會在你還沒完全了解對方各個方面之前，他已經將你征服了，到時候後悔都來不及。而一般女人看到不喜歡或還沒喜歡的男人時，只會以極平常的眼神來看他，即使偶爾心情不錯和他不期而遇，也是以很開朗的眼神和他對視，那麼他也不會很快洞察到你舉動的異常。所以，即使你很喜歡一個男人，與他相遇時，也不要太過羞澀，可以選擇直接與他對視，裝做若無其事的樣子，然後，偷

偷在一邊從容不迫考驗這個男人的人品、背景及考慮自己是否愛著他。

　　而女人在其他方面也有愛情心理弱點，比方方向感極差，這是女人具有嚴重依賴心理的表現，如果遇到事情，經常是討救兵，缺乏自主性和主觀的想法。這種女人對愛情也是盲目的，時常會落入男人的愛情陷阱。那麼這種女人首先要鍛煉自己的邏輯思維能力，不要以為愛情與思維無關，單靠感覺便會輸得很慘。還有些女人對別人的事情非常感興趣，並且經常自行加油添醋進行傳播，這是不願意讓別人注意到她的私生活的一種表現。而聰明的男人必定會從這方面入手，這可很危險。讓一個不愛或不該愛的男人窺探你的私生活，那愛上他的結果就已經等在那裡了。有戀父情結的女人、思想較為成熟理性的女人、曾經有過和年齡相近男性交往失敗的經驗的女人或急需安全感與依賴歸屬感的女人通常會落入與成熟男性或上司產生戀情中。她們比同年齡男性穩重及有成就，自然會將目光集中在老男人身上，那麼老男人不是各個都是可以用來愛的，一些好感與欣賞也可以用在老男人身上。因為她們的理智與成熟，很少會有感情上的大波折產生，但如果老男人居心叵測，一旦愛上他，那是很可怕的賭局……

　　女人的愛情心理陷阱遍布了女人的各種戀愛及性格特徵，也包括男人為女人挖掘的陷阱，那麼首先要了解自己的戀愛傾向，然後再看看該不該愛，最後再決定要不要愛。如果找到了自己該愛也愛著的男人，一定要抓住男人心理上的弱點，讓男人更加死心塌為這份愛付出。面對愛情，不要老沉溺在「男追女」的觀念中，既然愛了，也該愛，就不要怕傷了自己的手指頭，那就請捅破這層紙，在你的經營中，愛情才會走向婚姻，才會天長地久！

第四章　破譯愛情的幸福密碼：愛情可以沒有盲區

別讓愛擋住你的眼睛

古人說過：「一葉障目。」那麼女人對於戀愛的問題也恰恰如此，就是因為「愛」這個字站在那裡，所以女人往往看不明白真相。女人對於愛情是感性而又衝動的，有感覺了就愛了，愛了就缺乏對愛情的判斷力了，沒有了判斷力就因為「愛」把自己交出去了，男人也就有機可乘了。

現在大街小巷都彌漫著「同居」與「試婚」的氣息。我記得剛剛開始和丈夫獵狐戀愛，就把這個好消息告訴好朋友時，她在電話那邊詭異問：「住一起了嗎？」我覺得又突然又驚訝：「剛認識沒多久，哪能住一起？如果合適等明年就結婚了！」她的反應比我的反應還要大：「老土！先同居試婚啊！萬一哪兒不合適趕緊換還來得及，再說結婚著什麼急？」我當場差點吐血，雖然同居試婚早已經見怪不怪，但不同居試婚就結婚反倒成了老土了？

我問過同居的女人「為什麼同居」的問題，她們的回答幾乎千篇一律——是為了愛。愛了就要同居嗎？那既然愛了為什麼不結婚？也許看見的問題多了，我不管別人怎麼同居，怎麼試婚，怎麼說我老土，還是先把結婚證「弄」到手裡後踏踏實實上路了。結婚了以後，我反而沒有體會到她們說的「枯燥」、「沒有新鮮感」、「不浪漫」等感覺，我和丈夫獵狐還是一樣的浪漫、一樣的愛著。像我這樣的女人不是少數，幸福的人也比比皆是。既然如此，那我就又想不明白了，既然都是一樣的恩愛、浪漫，也是一樣的愛著的，那多了一張結婚證書能有什麼負擔？為什麼寧願同居而不讓性合法化呢？反正，我覺得有了這張紙連做愛都感覺到是那麼的坦蕩蕩。

其實，這都是所謂的「愛」字鬧的。如果女人遇到的是一個真正想和

你長相廝守的男人，也許他現在沒有經濟基礎不敢娶你回家倒情有可原，但如果遇到居心叵測的男人，那可就是女人大大的弱點了。

我剛結婚那會遇到了一件令人啼笑皆非的事：我們雜誌社有個客戶，三十多歲，沒認識幾天就對我展開追求。我一再告訴他我結婚了，他還是一如既往。我有點想不通，就和他好好探討了一次。他居然問我：「你說你結婚了，那有結婚證嗎？你們這些女人把兩個枕頭往一起一放就已經叫上『老公』了。」我確切告訴他我結婚的日期和頒發結婚證的部門，他倒比我還想不通：「算你厲害！沒見過你這樣的女人，這麼年輕結婚那麼早幹什麼？我有很多個女朋友，我們彼此不干涉對方與異性的交往，也不想和對方結婚，願意來就來，不願意來就散，多自由啊！你真不會享受生活！」我又一次吐血，看來我結婚還成了錯誤了？

不過，後來我想了想，終於明白了原因：大多數女人把同居看成是「愛」的表現形式，而大多數男人把同居看成是獵取女人的手段，卻偏偏有很多單純的、想結婚的女人讓「愛」字遮住了眼睛，將弱點暴露給了男人，成了男人獵取和傷害的對象。

有人說了：「我同居礙你什麼事了，這是我的個人問題，你憑什麼在這裡批判？」同居真的只是個人問題嗎？性是愛的最終表現形式和表達方式，它包括愛、責任、社會倫理道德、社會基本結構、價值觀等方面的內容。當一個女人決定要和一個男人有性關係的時候，都不得不考慮為什麼要付出身體？恐怕一句「我喜歡」或「個人權利，別人管不著」不能完全概括其中的味道吧？女人同居很少有不想和那個男人結婚的，當然也不乏一些時尚之女人，僅僅是因為「我需要」、「我高興」。那麼想著結婚的女人，你真的就那麼了解對方嗎？你真的就想好了他不是在欺騙你嗎？你真的就認為同居不會影響對婚姻的信念嗎？有位男人就發表過

第四章　破譯愛情的幸福密碼：愛情可以沒有盲區

這樣的言論：「同居過的女友毫無新鮮感和刺激性了，娶她做妻子豈不糟蹋了我的新婚之夜？」由此可見，同居不僅不能助長結婚的念頭，反而對結婚的積極性有著負面影響。同居的結果大致有這樣兩種：一種在同居幾年後結婚，一種是在同居幾年後分手。可是同居後的分手並不像戀愛分手那樣簡單，它如同一次真實的婚姻的破碎，對雙方的影響都非常大，對女人則更嚴重。並且，根據調查，同居的時間越長，結婚的可能則越小。因為在同居的過程中，彼此的激情與欲望都在不斷的減退，還沒等到結婚，就已經像老夫老妻一樣平淡了，出現任何一點點外界的刺激，都可能讓這個實際是婚姻但卻沒有一紙婚書約束的「小家」徹底瓦解。至於那些純粹是為了滿足暫時性欲望而選擇同居，根本沒打算結婚的女人，這種單純的同居關係則破裂得更快。並且這樣的彼此沒有牽掛分分合合會造成同居成「癮」，因而對婚姻就淡漠了，日後越來越難以進入婚姻這座「圍城」了。

還有一些女人在男人對「愛」的表述中選擇了同居，可是後來發現僅僅是掉入了男人的獵豔陷阱，於是就要選擇繼續與他同居還是結束同居，但無論怎麼選擇對女人的傷害都是一樣的大。

其實「愛」可以成為婚姻的理由，但如果作為同居的理由就顯得過分蒼白了。但是女人就是相信愛是毫無保留的付出，而男人也善於利用女人的這一弱點，喜歡用「愛」來做為同居的理由。那麼，如果愛了的女人就會同意同居，而同居了的男人則還是像沒同居之前一樣的瀟灑。可女人就不同了，既然同居了，就把自己當作男人的老婆了，最後把自己弄得蓬頭垢面，男人的興趣也就這樣一點點衰退，最後同居也就滅亡了，而幻想中的婚姻也就夭折了。

所以女人，要在同居之前考慮清楚，將該做的準備與該解決的問題都要考慮清楚，別等同居了以後再做打算。如果選擇了同居，一定要在一年

之內將結婚的事情提到議程上來，也千萬不要相信男人說的沒錢辦婚禮等
等理由，沒錢也可以結婚。同居也未嘗不可，但是沒有考慮清楚，還是不
要太草率，千萬別讓「愛」字一葉障目，落得悲慘結局。

愛，需要表白

　　表白，開啟你的愛情之門。表白，也許從此帶給你一生的幸福。向他
打開心扉，勇敢表白吧，不要讓有緣相聚的人就此錯失。電影《四月物
語》講述的是一個發生在十七歲美麗少女榆野卯月身上的「愛的奇蹟」，
因為暗戀學長，成績不佳的她努力考取了學長所在的武藏野大學。影片的
開始便是女孩站在飄滿櫻花的東京街頭，開始了她嚮往已久的大學生活，
也開始了她對愛情的執著找尋。鏡頭一直以一個旁觀者的身分注視著這個
內心被愛的祕密填得滿滿的女孩的日常生活，從她搬入東京的新居，到她
在新班級裡做自我介紹，到她參加釣魚社的活動，到她在電影院外被陌生
男子尾隨……直到她被在書店打工的學長認出後，她才終於有勇氣伴著淋
漓的雨聲對學長說出「對我來說，你是很出名的」。在這一場痛快淋漓的
大雨中，影片緩慢平淡的節奏突然因為女孩祕密的揭開而掀起了高潮，而
電影也就此走向了尾聲。故事很唯美，看上去又很傷感。今日女性追求屬
於自己的一份愛情，不應該再這麼吃力，這麼無助，這麼被動。

　　愛，除了心靈的感應與感覺外，還應有行動的表白，不論是愛或者被
愛，都是一件幸福的事。可幸福不是等來的，她需要努力，需要創造。如
果你還相信「女人只要安靜等待，真命天子就會從天而降」的神話，就明
顯已經和現在這個觀念開放的社會脫節了。隨著女性地位的逐步提高，自
卑、怯懦不應和新時代的女性相伴。如果愛，就要敢於表白。

第四章　破譯愛情的幸福密碼：愛情可以沒有盲區

表白對於一份愛情的開始十分重要。因為驕傲放不下面子，不肯先向對方示愛，這又何必呢？像上面這個故事中的男孩和女孩，就是互相折磨的典型。在人類沒學會心電感應這種先進技術的時候，期待不說對方也能懂是不可能的。示愛並不是示弱，假如這段感情幸運的開始了，先示愛的一方也並不就是低人一等，敢於表白的人才能掌握自己的情感軌跡，做個感情的勝者。

當你遇到自己喜歡的人，在什麼都沒有開始時，如果以為「他不一定喜歡我」，那麼你可能會真的失去他，失去選擇的機會。

害怕被拒絕也大可不必，你應該做的是克服自己自卑不安的想法和自愧不如的心理。不要坐在電話機旁猶豫不決，只要你勇敢的撥一次電話，事情就會完全解決了，你也就將徹底擺脫憂心如焚的處境，即使遭到拒絕，也不算是什麼大不了的事情，你只要保持輕鬆、寬容的心情就能渡過情緒不穩定的日子，如果你什麼都不去做，卻只是終日停留在忐忑不安中，猜測他的心意，又有什麼意義呢，為什麼不給自己一點主動權呢？

被拒絕並不代表你有什麼過失，也許他心中另有所屬，而他恰恰是個忠誠的愛人；也許他目前為事業忙得焦頭爛額，根本無暇分心經營愛情；也許他最近情緒不佳，偏偏你又撞在槍口上。所有這些都與你無關，不要因為被拒絕就覺得被判了死刑，失去了追求愛情和幸福生活的勇氣。

表白是一種藝術，只有聰明的女人才能運用自如。你當然希望你的表白能得到對方的接受，從此開始一段美好的情緣，但是表白成功必須具備起碼的前提條件和諸多有利因素。

在表白之前，首先應當對自己做一番客觀的衡量，也就是對自己的情況進行理性的分析和評價。主要包括自我形象、思想情趣、生活作風、價值體系、學識才華等。只有清楚的認識自己，才能明確為自己心儀的東西

「畫像」。人無完人，千萬不要自我感覺太過良好，而忽略了自己的種種缺陷，也許正是這些缺陷成為別人拒絕你的原因。太過自負的女人一旦遭到拒絕，那種痛苦是不言而喻的。

在表白之前，應當盡可能的了解對方。如果你對心儀的對象連最起碼的認識都沒有，單憑一些工作、住址、年齡之類的表面資訊，是無法觸及對方的心靈深處的，這樣的表白很淺薄，也許你就是被對方英俊的外表或一擲千金的豪氣所吸引，當然對方也不難看出這點。這種表白如果被拒絕反而是件好事，最危險的就是碰上獵豔高手，將錯就錯，趁機玩弄女人於股掌之上，這個女人的命運就十分悲慘了。

在表白之前，應當選定場合、情境，浪漫優雅的環境絕對比嘈雜喧鬧的場合容易使人動情；柔和的光線要比舞廳炫目的鐳射更能激發他的柔情；清閒的假日、休息日要比緊張的工作日令他覺得放鬆。當然，愛是自然天成的，本無需太過刻意，有時候，就是那平常的日子，不經意的一瞬間，你的勇氣突然來臨，你的愛意很自然的湧出心扉，那就讓他感受到你的愛。把你的愛表達出來，不要再藏進心裡。

你若愛上了某人，就應該努力去追求，但出於女性特有的羞怯心理，不便坦白直率的向對方表示，可以通過許多別處心裁的方式把心思傳遞給對方。

你可以用迷人的微笑替你表白。有時候，不甚得體的表白話語還不如技巧性的運用肢體語言來的有效。微笑和眼神都能傳遞你對他的情意。嘴角微揚，展現出你最迷人的魅力，深情的目光互視，移開，互視……如果他心中對你也早已充滿好感，他很快就能接收到這些愛的資訊。

你可以用精巧的小信箋替你表白。寫上幾句情意綿綿的話，卡片的精緻代表了你不俗的品位，動人的話語可以讓他感受到你的才情、細膩。雖

第四章 破譯愛情的幸福密碼：愛情可以沒有盲區

然電子郵件更為快捷方便，但愛情不是方便裝，表白也需要花一些小心思。看到這可愛的小禮物，他怎會不在驚喜中感到一陣甜蜜。

你可以借別人的口替你表白。這樣對他說：「我爸爸經常誇你。」他一定會很有興趣問：「是嗎？誇我什麼？」「說你人品好，能幹又謙虛，是個好男孩。」其實這些都是你的心裡話，只是靦腆的你不肯直接對他說罷了。如果他很聰明，當然知道你話中蘊含的意思，如果他對你很有好感，他是不會無動於衷的。

表白，開啟你的愛情之門。表白，也許從此帶給你一生的幸福。向他打開心扉，勇敢表白吧，不要讓有緣相聚的人就此錯失。

有這樣一個女孩，她的母親是聾啞人，為了跟母親更好的交流，她學會了手語。因為深刻了解和同情殘疾人，大學畢業後她選擇去一家聾啞學校教書。

她告別了父母，乘火車來到了那個陌生的城市。剛出月臺，她就看見一個少年舉著一張上面寫著她名字的紙片。她揚起手打了個招呼，那個聰明的少年馬上反應過來，一邊疊著紙片，一邊飛跑過來。忽然，一輛自行車飛馳而過，將他撞倒了。女孩飛快的趕到少年面前，扶他起來問道：「你怎麼樣了？」誰知道那少年看著他的嘴唇，茫然的搖著頭。她立刻反應過來：這就是聾啞學校來迎接她的學生呀，怎麼能聽見自己說話呢？她用手語急切的詢問著情況，再看少年腿上已經被撞出一條很長的傷口，鮮血不停的湧出，而肇事的自行車主早已逃之夭夭了。女孩又急又氣，臉色煞白，少年卻打著手語跟她說：「老師，別急，我沒事的。」

這時，一隻手輕輕拍拍她的肩，她一回頭，看見一個長相陽光的大男孩微笑的望著他們，他也用手語說道：「怎麼樣？你們還好嗎？」又是一個聾啞人，女孩心想，她熟練的用手語回答：「我的學生撞傷了，我想送

他去醫院。」男孩用手語說：「我送你們去。」

男孩帶他們去了最近的一家醫院，在醫生給少年處理傷口的時候，男孩和女孩打著手語聊了一陣，原來男孩在一家電視臺做手語主持。他們聊得很投機，但都竭力避開「說、聽、唱」之類的敏感字眼，時間很快過去。女孩要帶著少年回學校去，臨走，男孩遲疑了一下，把自己的手機號寫在一張紙上遞給她。

後來他們經常互發手機短信，有時也會一起出去散步，他們都是喜靜的人，就是相伴看看美麗的風景，心情就已經很愉快了。隨著交流的增多，他倆都感覺到彼此情感的微妙變化。

有一天，男孩忽然說要去外，也許三至五年都不會再回來。他默默看著女孩，眼中有千言萬語，女孩不敢和他對視，她太了解一個殘疾人生活的不便和痛苦，她不知道自己能否承受這份沉重的愛情，還有，她的家人能否接受又一個殘疾人進入他們的生活。男孩似乎有所感覺，他失望露出一絲苦笑，打出一句話：「那麼，再見吧！希望你永遠快樂。」

晚上，獨自坐在燈下，女孩想起了這些天的一個個溫馨的畫面，想起這男孩的善良、熱情，她忽然恨起自己的自私，心裡波濤湧起，她不再矜持，不再羞怯，掏出手機，翻到那個熟悉的手機號碼，摁下了撥號鍵，對著話筒語無倫次的說開了：「我不管你聽不聽得到，我還是一定要親口告訴你：我 —— 愛 —— 你！」

聽筒裡傳來男孩很吃驚的話語：「你，你能說話？」

女孩更加驚訝：他竟然聽見了說話聲！她完全呆住了，聽筒裡傳來男孩著急的「喂」聲。

原來在火車站男孩看見她用手語和那個聾啞少年交談，就以為她是個聾啞人，所以一直用手語和他說話，而她自己恰恰也是這樣認為的！即便

是這樣，男孩也一直沒有嫌棄她是個「聾啞人」，總是真心待她，確實是一個難得的好男生。

她又是慚愧又是歡喜，輕輕放下了話筒。沒過兩秒鐘，電話鈴響了，她立刻拿起聽筒，聽見男孩的笑聲：「我說要走是騙你的，不然哪能聽到你的真心話。不過要不是聽見你這句話，明天我可能真的去外地散心了。」

女孩羞紅了臉，卻又有些慶幸，幸好自己及時說出了心裡的感受，不然這誤會不知還要持續到哪一天，也許一段美好的感情就這樣錯失了。是的，勇敢的表白吧，你愛的那個人也許也在為怎麼開口而猶豫不決，你不要再守株待兔，不要再錯失良機，去創造吧，敞開你閉塞而狹小的內心世界吧，它能容納生命中更多美好的東西。

男人這道風景是用來欣賞的

有一個朋友，不算漂亮但很可愛，經常是男士追求的目標。然而她自己也很忙：她有一個固定的男朋友，用她的話說，那個男人就是用來結婚的。她將男人分為 N 種，最好的那種就是用來結婚的，其他的男人則是風景，姿態各異。她說，她很喜歡和不同的男人產生愛情，這樣她就可以嘗試更多的戀愛方式與戀愛故事，因為每個男人都有每個男人的優點，但卻不可能放到一個人身上。而那個用來結婚的男人卻沒有這些優點，唯一的優點就是「好」，好到可以對她疼愛有加，可以做一手好家務，好得有責任性，並且很本分。這本分很重要，有個本分的男人在家裡，不會給她製造情敵，也不會給自己製造阻礙。她就這樣瞞天過海，背著男朋友與不同的男人交往，與每個不同感覺的男人愛一次。有一次她過生日，也是最讓她有成就感的一次，有個男人用玫瑰花在上擺出了一個大大的「我愛

你」，然後任憑她在上面舞蹈。這種浪漫也絕對不是家裡那個好男人所能想出來的，即使想出來了，他也不見得有那麼雄厚的經濟基礎來這樣揮霍。她說：「男人這風景太美了，我恨不得和所有男人都愛一次，然後感受他們的不同，再和那個好男人結婚，等老了再自己偷偷回味，那是一生多麼愜意的事啊！」

我無語……男人的確是風景，但風景不是來用的，大都只是用來欣賞的，不一定要把每個風景都變成自己的，那也是很不可能的事。而每個女人只能擁有自己的一個小花園，只是有的花園大，有的花園小罷了！如果從這個意義上來講的話，我所擁有的也只是一個小小的花園，丈夫沒有別的男人的朝氣與多變，更沒有很多的花樣來讓我驚喜，但是我的小花園裡也開滿了花，無論我看到多美麗的風景都會想到那個屬於我的，而且異常溫馨的小花園。我從來都不想去將那些美麗風景占為己有，因為風景很多，而我只會愛我自己的花園，在我自己花園裡的愜意是我一生最安穩的追求。

我與這個女人有兩種截然不同的戀愛思路：她是在尋求更多的風景與刺激，而我卻是在自己的花園裡奮力耕種。我不想褒揚自己的戀愛思路有多麼正確，但我總覺得作為一個女人如果徘徊於追求佔有更多的風景似乎會疲倦得很快，而男人的心理承受能力也是有限的，如果一味的放縱自己的追求，那這個好男人也會離你而去。

現在有這樣一種說法：女人比男人更花心，更具有佔有欲。而追求這樣的浪漫卻同樣讓人不寒而慄。有的女人用「人非草木，孰能無情」、「無惻隱之心，非人也」、「我就喜歡花心你能怎麼樣」、「等老了想花心也沒資本了」等等來為自己的花心與追逐找藉口，而花心的女人也無非有這三種：

第四章　破譯愛情的幸福密碼：愛情可以沒有盲區

　　第一種是受過傷的女人。通常讓她們受傷的源頭就是花心的男人。用她們的話說就是：「男人都花心，與其等著讓花心的男人再來傷害你，還不如自己先花心，這樣大家也扯平了，誰也別說誰！」而這些女人認為自己曾經滄海，有足夠的信心和能力把握這場遊戲的尺度，不讓自己陷入很深，早晚也能全身而退。可是真正能做到全身而退的女人又有幾個？看見前一天還和自己談情說愛的男人今天又挽著另外一個女人，心裡難免有一些不痛快，等不痛快多了，就開始死纏著男人間：「是不是你愛她們比愛我多一些？」久而久之，自己也就不知道自己是否真正退出來了，受傷的感覺也就出來了；要麼就是被那些男人的愛人所糾纏，鬧得滿城沸沸揚揚、身敗名裂，最後還是繼續受傷。其實既然女人已經受過傷，為什麼還要甘心成為男人的玩物呢？那豈不是對自己更大的傷害？

　　第二種是追求浪漫的女人。通常她們覺得一個男人的浪漫不能滿足自己對浪漫的追求，只有通過與更多的男人戀愛才能享受到更多的浪漫，或者她們相信自己的直覺，覺得動心了、有感覺了就應該愛。她們一般都或漂亮、或可愛、或才華四溢、或熱情奔放，實際她們是最願意享受生活的一群，也是最相信愛的一群。但她們相信愛來得容易也去得快。應該是沒有負擔也沒有牽掛，愛了就在一起，不愛了就分開，並且同時可以愛很多人，因為每個男人身上都有她們值得愛的方。用她們的話說就是：「這只能怪造化弄人，如果把所有我所欣賞的東西放到一個男人的身上，那我就只會愛一個了！」可是她們恰恰忘記了女人總是「很受傷」的，每一次和男人交往都會付出一些，也就會傷一些，等最後就會變成愛無能了，這比性無能還要可怕、不可取。所以那些看見優秀男人就往上撲的女人應該注意了，你欣賞的男人是永遠也找不完的，而愛卻會有沒有的一天！

116

　　第三種是生活平淡了的女人。通常這種女人以「名花有主」者居多，和自己的愛人相處久了，也厭倦了，沒有了激情，當嘗試了一個新鮮的男人之後就會一發不可收拾。她們在追求這種刺激時往往比男子更勇敢、執著，也更認真，時間久了也就分不清楚戲裡戲外了，等丈夫察覺了或者自己衝動了，就往往會頂住種種社會壓力，甚至放棄子女撫養和財產利益，而與丈夫毅然決裂。但幸福不見得就得到手了，甚至沒有一個情人願意和她邁出實質性的一步，最後也可能自己人財兩空、進退兩難。

　　對於這個問題我曾經問過一些男人，他們雖然大都喜歡和水性楊花的女人發生關係，但卻不願意和自己做過情人的女人結婚，更別提娶水性楊花的女人了。有個男人這樣說：「沒結婚前她就花心了，那如果和我結婚了，還能不花心？我們彼此也都這麼了解對方的歷史，以後結婚了，不斷在猜忌中過日子能有什麼幸福呢？所以我寧願找個好女人，即使她很醜、沒有本事我也認了，總比娶情人要強！」

　　女人要敲警鐘了，自己想找個好男人結婚，男人也想找個好女人結婚，那麼，花心男人和花心女人誰要啊？男人暫且不說，單說女人未來的路，不知道將會有怎麼樣的艱難在等著。在挑揀的時候不妨可以多看看，但等挑好了就千萬不要玩火自焚了 —— 風景是用來欣賞的，等你進入其中就已經不是原來滋味了！

第四章　破譯愛情的幸福密碼：愛情可以沒有盲區

▌解讀婚後沉默症

　　有一天，我給遠方的一個朋友打電話，問及她的丈夫是否在家，她含糊其詞說：「唉！管他呢！愛幹什麼就幹什麼去吧！只要我閨女吃飽了就成了！」我在她的語氣裡明顯感覺到了一分無奈，便問是不是發生了什麼事。最後她惆悵的說：「你說有事吧，其實也沒事，平靜得連吵架也沒有；你說沒事吧，總覺得哪裡好像有點不對勁。他晚上愛幾點回來就幾點回來，然後就在沙發上躺著看電視，直到睡著。你可能都不相信，我們倆半年都沒在一張床上睡過。我們一家好像三足鼎立，他睡沙發，我睡床，閨女在自己房間。說他有外遇吧，好像還真沒有，從來不在外面過夜，也沒亂七八糟的電話，晚點回家也是待在辦公室裡打遊戲。也不知道人家夫妻都是怎麼過的，十年了，以前就沒什麼特別投機的話，現在更說不上什麼共同語言了。我經常嘗試著和他溝通，看看他在想什麼，但是他給我的答案總不是我想要的。為什麼？明明兩個應該是最親熱的人，卻變得如此陌生？」

　　這已經不是一個女人或一對夫妻的問題了，而是很多女人都遇到的困惑。當初，相愛的時候總是如膠似漆，甜蜜的話幾乎說不完，但是一旦結婚了，也不可能總用甜蜜的話來纏繞著對方，總有一些現實的事情要做，總有一些枯燥的話語要說。那麼等時間長了，自然日常的對話就變得簡單起來了，也變得更直接了。比方，同樣是讓你幫個小忙，在結婚前，男人可能會對你說：「親愛的，我知道你很忙，也知道你很累，但還是需要你幫我這個小忙，我真的很捨不得你去，真的很心疼你，要不，你別去了，我去吧！……」當然，女人還是很樂意去為男人做事；可是結婚以後呢，前面那麼多的鋪墊就會完全省略，直接切入正題「你把茶杯遞給我！」語

氣不僅沒有柔情蜜意，反而有些生硬與命令。這個道理其實也很簡單，一旦結婚了，男人就會認為女人是自己家的人，彼此相愛，天經地義，何必再不厭其煩的說出來呢？並且既然是自己家的人，那麼彼此的客氣與拐彎抹角也是完全沒必要的。正是這種觀念的影響，讓男人和女人在婚後對感情的表達變得含蓄與被動起來，不到萬不得已一般是不會讓一些很富有激情的話脫口而出的。可是生活中究竟能有多少萬不得已呢？所以，一般情況下，當男人對感情的表達含蓄了，女人就會有想法，有了想法女人就顯得更加淡然，女人淡然了，男人也就更加淡漠了。到最後，兩個人在一起往往是沒有什麼話說，女人即使有點什麼想法或什麼問題，寧可去找別人也不會想到自己家裡還有一個男人可以訴說。

於是就出現了婚後沉默，這種狀況要是成了習慣，就形成了一種對婚姻有致命傷害的病症 —— 婚後沉默症。久而久之，這樣的心理就造成了比較東方的一種婚姻狀態：無論是婚姻雙方的女人還是男人，都不願意和對方聊天，即使不得已非要說幾句，也是簡單一句帶過；在決定任何事情之前能不和對方商量就不和對方商量，更不會向對方道歉或求和，認為這樣是沒有尊嚴或是虛偽與庸俗的表現；至於性生活方面就會更加公式化，從不會探討如何更有意於性生活和諧，反正是滿不滿意都是它了，就像走過場一樣索然無味；情調就根本不會有，彼此很少去考慮對方會喜歡什麼或不喜歡什麼，對方需要自己做什麼，很少去探究對方究竟是怎麼想的；對對方的喜悅或悲傷總是置之不理，彷彿與自己無關一般；當女人偶爾嘮叨的時候多是些無關緊要的話題，彼此都是不關心、心不在焉，即使對對方的某種行為或某種語言很不滿意，也不願意說出來，怕爭吵起來，傷了夫妻間的「和氣」……

這樣，雖然夫妻間是「和氣」了，也相敬如賓了，但是似乎總覺得

少了點什麼。這和女人愛不愛嘮叨是沒有必然連繫的，即使女人是愛嘮叨的，但總嘮叨不到正題上，彼此之間的了解還是很少的，那麼也形同於沉默。愛嘮叨的女人經常會將不滿意掛在嘴上，但都得不到問題的根本解決，雖然家裡也會有點人氣，但還是少了在大事小事上的溝通，那麼夫妻雙方還是陌生與微妙的。

　　有的女人說：「婚姻就是這樣，是平淡的，哪有那麼多激情？」可是，平淡並不代表沉默，平淡的婚姻也並不代表湊合與沒有共同語言。最可怕的是，那個將要和你走過一生的男人一直是你心靈上的陌生人，除了他的呼嚕之外你對他一無所知，那將會為婚姻留下隱患。這也是婚姻最嚴峻的警戒信號。

　　說到這裡，也許女人很委屈，覺得自己衣食住行哪一樣都把他照顧得服服貼貼，平時也沒少嘮叨他的不足之處，可到最後還要掛上對婚姻不負責的罪名。其實，婚姻不僅僅是衣食住行，也不僅僅是沒完沒了的嘮叨。要改善婚後沉默症帶來的婚姻問題，也不是一天兩天就能有結果的，那是一個漫長的靈欲溝通的過程。這也是夫妻雙方共同努力的結果，彼此都要尋找交流的機會與方式，即使有爭吵和不愉快，也會對婚姻有積極的促進作用，如果連想吵架也吵不起來，那也是很可怕的。而女人對於男人的不滿與看法，既不能沒完沒了嘮叨，更不能聽之任之，將不良情緒自己收藏，這樣只會讓自己對對方的看法越來越偏激，然後累積成一個對婚姻和諧的不可逾越的障礙。婚姻不是誰有面子誰沒面子的問題，也不是誰侵犯了誰的問題，更不是誰有尊嚴誰沒尊嚴的問題，而是雙方都應當能有足夠的寬容與大度，熱情、積極來解決問題。那麼在性生活上，更不能當任務來完成，性生活是以夫妻雙方歡悅為基礎，來進行更深層次溝通的橋梁。

婚姻是愛情的必然結果，也應該是愛情的昇華，但絕對不是愛情的墳墓。所以，女人在婚姻上應該像在戰場上一樣聰明、睿智，千萬不要親手將自己的婚姻送入黑漆漆、了無聲息的沉默中去！

鞋子合不合腳只有腳知道

有人說過：「婚姻如鞋，合不合適只有腳知道！那麼，這腳是什麼？是男人還是女人？我看了很多關於此言論的文章，發現大多都將鞋子比喻成男人將腳比喻成女人。對於女人而言，婚姻就是一個男人，男人就是婚姻，那就是說，疼的只是腳嗎？要是不合適就活該女人受罪了嗎？

公司來了個新祕書，是個豪放、開朗的東北小姑娘。有一天一起回家，她非要我陪她去華聯商場。殊不知，本狐狸一生愛運動、愛看書、愛看電影、愛聊天，可算是興趣廣泛，但唯獨對逛商場大為頭疼。丈夫獵孤對我這一點點「缺點」卻是異常賞識，因為不用拉著他去逛商場受苦了。於是，我們倆要是缺什麼東西都是先劃拳，誰輸了誰就去商場直奔主題，「拿」回來就是了，大到家用電器，小到油鹽醬醋，要實在一個人決定不了，就電話聯繫，然後會議決定買哪個。但是我實在不想掃了小姑娘的興頭，並且人家也給我承諾了一個冰棒的彩頭，我便一萬個不樂意去。到了商場才知道，小姑娘剛買了一雙鞋，穿了沒幾天就壞了，拿來換。換完了鞋後，小姑娘笑著偷偷告訴我：「嘿嘿！你可千萬別告訴那售貨員，鞋壞了還真不是那鞋的問題，是我腳的毛病。一般買了新鞋，要麼就是鞋把我的腳磨破了要麼就是鞋被我的腳給弄壞了。以前都是我的腳破，可這兩年，通常都是鞋壞。哈哈！估計是我的腳都已經磨出太厚的繭了，一般的

第四章　破譯愛情的幸福密碼：愛情可以沒有盲區

鞋還真拿我的腳沒轍，就只能它自己乖乖壞了省得痛苦，所以我掏一次錢卻能老穿新鞋，人家要是給換煩了就乾脆給我退了。這三百塊錢已經退了三次了，這是第四次用這錢買鞋！」

找真是大開眼界，居然還有這樣的腳，看來還真不是一般人就能練出來的。世界之大，無奇不有，光是穿鞋的學問就這麼深 —— 有的人穿了鞋異常合適，找不出一點點毛病；有的人卻是被鞋弄得遍「腳」鱗傷，有資本買新的就換新的，沒資本換新的就只能繼續傷著了，要實在忍無可忍就乾脆光腳、襪子不穿也比穿著好；而有的人穿了鞋就把鞋弄得苦不堪言，最後以鞋而告終，但是要是有資本呢，鞋壞了就換雙新的，要是沒資本呢，就只能繼續讓鞋痛苦著，直到鞋老死為止。如果是在大商場買的鞋，無論是腳壞了還是鞋壞了都有地方說理去，但要是在小店鋪買的，就只能自己認倒楣吧！

這不禁讓我想到了「婚姻如鞋」這種說法，看來婚姻還真的是鞋子 —— 有的女人結婚了，男人和女人都覺得異常合適。也許別人看著不那麼賞心悅目，也不那麼郎才女貌，冒出兩個愛管閒事的人來說三道四也說不準，但不管別人看著般配不般配，他們兩個人卻是很幸福，把說的人氣個半死。

有的女人結婚了，男人沒覺得怎麼樣，女人卻是異常痛苦，比方男人的各種惡習、生活方式、經濟狀況、人品等等問題造成了女人對這段婚姻的滿意程度遠不如男人。但男人對這婚姻還算是滿意的，自然是不會離婚，而女人是痛苦的、不如意的，甚至受到了身體的摧殘。但是要不要離婚就要看女人有沒有再找「鞋」的資本了，如果還有，那就一定是會離婚了；如果沒有呢，就只能湊合著過。但如果婚姻對她的折磨已經到了無法忍受的地步，那有沒有資本都一樣會離婚 —— 去他的，寧肯光腳丫子打

光棍也不能要這樣的婚姻。

還有的女人結婚了，女人覺得男人什麼都好，要麼是經濟好，要麼是相貌好，要麼是工作好，要麼是性格好……反正，女人怎麼看，怎麼覺得這個男人和自己合適，並且在這婚姻裡女人是幸福著的。但是男人就不一定那麼舒服了，也許覺得女人長得不好，也許覺得女人老了點，也許覺得女人文化素養不高，也許覺得女人沒追求、沒共同語言，也許

覺得女人性格、脾氣不好等等。要解決這種問題，要看男人有沒有資本了，有資本的男人就算人人喊打也要離，即使女人尋死覓活也要離，但要沒資本就只能將就了。不過男人雖然沒有選擇不穿鞋的權利，但也有選擇徹底罷工的權利。即使找不到老婆，這婚姻也不想要了，那就是非離不可了！

聽起來還真差不多，鞋可退可換，婚姻也可以分居、離婚，只是沒有換鞋來得瀟灑容易罷了！

不過話說回來，雖然婚姻如鞋，但天下有訂做的鞋子卻沒有能訂做的婚姻。腳有多大，就穿多大的鞋，如果標準號的鞋也穿不了，那就量身訂做一雙。鞋是有鞋號的，鞋大了，會感覺拖泥帶水，累贅得很；鞋小了，擠了腳，很痛，甚至寸步難行。

可是婚姻呢？只能用幸福與不幸福來衡量。那麼，怎麼樣算是幸福？怎麼樣算是不幸福？那只有你嘗試了婚姻才知道。「沉默」的婚姻如同穿了雙大號的鞋，拖延著生命與時間；緊張而又戰爭起伏的婚姻如同穿了雙小號的鞋，衝衝撞撞，吵吵鬧鬧，傷了感情。因此，明顯看著不合適自己的婚姻還是不要嘗試的好，就像你明明知道這鞋的號碼和自己不合適，為什麼非要買呢？

但是，鞋號合適的鞋不一定也合腳，鞋子是能訂做的，可婚姻呢？嘗試了，也知道了，好像還是不合適，那麼不合腳的婚姻就一定要扔掉

嗎？其實不然，這也和買鞋一樣，新買的鞋總有那麼幾天不舒服，但時間長了，要麼就是腳有繭子了，要麼就是鞋屈服了，到後來也就不再不舒服了。

婚姻光有愛情是不夠的，它還應該有責任與寬容。但是每個人對幸福的衡量標準是不一樣的，那麼對於婚姻的合腳程度也就理解不同。也許我們經常看到兩個人百般不合適，幾沒有什麼可能，但是他們卻幸福的走過了一生；有的兩個人，我們怎麼看怎麼合適，簡直就是天造一對，可是不知道什麼問題就莫名其妙的分開了；有的女人喜歡一雙鞋子，但卻不合腳，穿了就走不長路；有的女人有雙合腳的鞋，但卻不喜歡，可是到了需要用腳力的時候卻還是會穿上。

鞋子合不合腳，那是腳的事情，腳合不合鞋，那是鞋的問題。所以，婚姻的幸福與不幸福是用我們的常規判斷所不能掌控的。只有腳和鞋兩個慢慢體會了。

第五章
尋找愛的真相：轉個彎就會幸福

婚姻是愛情最完美的果實

談到婚姻，必談到女人；談到女人，必談到婚姻。婚姻是一個長久不衰的話題，女人是一個永不落幕的內容，這二者是唇齒相依的關係。

同樣是人，女人所承受的社會壓力和心理壓力都比男人多得多。這是歷史的產物，也是上蒼賦予女人所特有的東西。

婚姻給女人的是一個溫暖的夜，一個棲息的簷，一面擋風的牆，一張飽餐的桌，一個撒嬌的窩，一個任性的理由；婚姻給女人一個家庭的概念，一個親情的集合點，一個袒露原始自己的方，一個不必裝酷裝靚裝嗲的地方，一個可以大口嚼飯的地方，一個可以邋邋遢遢、蓬頭垢面忙家務和睡懶覺的地方，一個可以說粗話、可以大嗓門訓斥孩子甚至可以怒氣甩巴掌的地方。

婚姻給女人的是一種生活狀態，一種生活品質，一種生活感受，一種生活方式。什麼樣的心態決定什麼樣的生活態度，什麼樣的方式決定什麼樣的婚姻含金量。好女人善意營造幸福的婚姻，而幸福的婚姻又同時完成著對完美女人的塑造。

幸福的婚姻源自相互欣賞：努力去欣賞對方，同時，努力使自己被對方欣賞。愛情的真正魅力在於兩情相悅。欣賞是花，愛情是果。欣賞是對對方的一種承認、肯定和鼓勵，被欣賞必然會使人產生一種滿足感，所謂的了解最大的意義就是肯定、承認、讚美和欣賞，這是雙方共同的心理需要，也是經營幸福婚姻的祕訣之一。

幸福的婚姻源自相互尊重：只有懂得尊重對方，才能得到對方的尊重，不僅要尊重對方，更要緊的是愛屋及烏，尊重對方的父母兄弟姐妹以及對方的親朋好友。如果你瞧不起對方的家人，更有甚者將對方家人推到

了自己的對立面，這種做法非常愚蠢，這樣做會使自己陷入孤立無援的境地，對你婚姻的穩固將是致命之傷。

幸福的婚姻源自相互疼愛：無論是男人還是女人，都兼有疼人和被人疼的兩種需要。不要以為你遇到了一個只想疼人而不想被人疼的純粹父親型男人或純粹母親型的女人，夫妻就應該像一雙筷子，生活中的酸、甜、苦、辣、鹹。

一起品嘗。他（她）下班了，你給他（她）端上一杯涼的白開水；你躺在沙發上睡著了，他（她）能輕輕為你蓋上一床被子……也許這些都是小事一樁、微不足道，但是只有這種小愛才能在漫長的歲月中，一點一滴的滲透到心窩裡，融化在血液中，才能天長與地久。

幸福的婚姻源自相互理解：當你遇到挫折時，他（她）不說一句有損你尊嚴的話；當你意氣用事時，他（她）娓娓解說事理給你聽；當你心情不好時，他（她）絕不和你一般見識；你若開顏他（她）先笑，你若煩惱他（她）先憂，他（她）的歡喜會告訴你，但他（她）的憂愁卻不會輕意的向你表露；即使你們遠隔千山萬水，他（她）也深信你。相互了解需要的是體貼，需要的是愛心。

幸福的婚姻源自人格獨立：婚姻是一對一的自由，一對一的民主。不要偏執的認為「你是我的」，那樣就會使自己的愛巢變成囚禁對方的監獄，裡面的人十有八九想越獄，只是看他（她）有沒有膽量而已。不要改變自己，更不要試圖去改變對方，而應該各自把自己調整到一個適度的空間，既要相守，也要讓彼此獨處。在婚姻的土壤中，讓兩棵個性之樹自由成長，自然可以收穫幸福的果實。

麥可‧舒馬克（Michael Schumacher）保持著很多讓人羨慕的紀錄，他擁有 F1 歷史上無人能及的七個總冠軍頭銜。而他和科林娜的婚姻

第五章　尋找愛的真相：轉個彎就會幸福

也絕對是 F1 史冊中最燦爛的一筆。二〇〇五年八月一日，舒馬克和妻子科利納一起度過了他們的錫婚紀念日。

科利納陪伴舒馬克走過了輝煌榮耀同時也是充滿坎坷的十五年，她是舒馬克最堅強的後盾，給予他最大的支持和溫暖。一九八九年，舒馬克進入賓士 SportCalrS 車隊，科利納是隊友弗倫岑的女朋友，這對年輕人在日常交往中逐漸產生了感情，一九九〇年弗倫岑遠赴日本參加 F3000 賽事，而科利納留在了舒馬克身邊。當時舒馬克只是一個沒有名氣也沒有財產的年輕賽車手，前途如何沒有人知道，科利納作出這樣的選擇，唯一的原因是愛情。

很多女人羨慕 F1 車手的妻子，認為她們擁有財富、名氣和 F1 新奇刺激的生活方式，但是光環背後的酸甜苦辣是人們無法看到的。F1 車手的工作需要在全世界各不停奔波、測試、比賽以及參加各種各樣的公關活動，舒馬克每年能呆在家裡的時間不會超過一百天。科利納在醫院生第一個孩子時，舒馬克正在千裡之外的賽道上測試，他很擔心科利納分娩時會有什麼意外，對自己不能陪在她身邊感到內疚。雖然舒馬克可以請假回家，但他不願意為私事耽誤工作，科利納對此毫無怨言，她很理解丈夫對事業的投入。

與賽場邊的那些時髦女郎不同，科利納對在鏡頭前展示自己的美麗或者炫耀與丈夫的恩愛沒有興趣。一些車手的妻子、女友經常去車隊工作區域，干擾了車隊工作，招來一些非議。而科利納永遠不會引起這樣的抱怨，她所做的是真正的支援，當丈夫需要她時，她總在那裡，不需要她時，她會微笑著離開。科利納經常陪舒馬克去賽場，但是公眾能看到她的機會並不多，因為她總是躲在車隊休息室裡看電視轉播。科利納承認，她這樣做一方面是為了避開攝影機，另一方面也是因為她很緊張，需要自己

躲起來為丈夫祈禱。

　　作為賽車手的妻子，最難以面對的是丈夫隨時可能發生意外。有一次，由於賽車刹車系統故障，舒馬克高速撞車，右腿兩處骨折。救護人員趕到舒馬克身邊時，他的第一個要求是給科利納打電話，告訴她自己沒有什麼大問題，因為他知道此刻妻子是多麼擔心。在舒馬克養傷期間，科利納第一次，也是最後一次，勸丈夫提前退役。不過她很快改變主意了，因為她明白舒馬克如此熱愛賽車，離開賽車就會失去快樂。為了他，她寧願把自己的擔憂藏在心裡。舒馬克重返賽場時，科利納送給他一個護身符，上面刻著她和兩個孩子的名字縮寫。從那以後，舒馬克戴著這個護身符參加了每一場比賽，他知道無論賽場上發生了什麼事情，子和孩子的愛永遠在身後支持著他。

　　幸福的婚姻來自什麼？科利納告訴我們，是雙方主動的維護，為對方花很多時間，對對方感興趣的東西意興盎然，出自真心的呵護愛侶。

　　比如一個擁抱，輕輕的一個擁抱能夠融化一顆層層防禦的心。在他準備出門上班的時候給他一個溫柔的擁抱，那種溫馨和浪漫會帶給他一整天的好心情。

　　比如一個眼神，不要覺得「老夫老妻」就不再需要情調，一舉手，一投足，一顰一笑，都有一份情在裡面。試著用一個迂回的方式來邀請他共進午餐吧，讓他的雙眼在你身上多停留幾秒。浪漫，情調，就從捨不得離開的眼神開始蔓延……

　　比如一句愛的話語，如果你覺得肉麻，不一定非要說出那三個字，你對他的欣賞和讚美難道還不足以表示你對他的愛嗎？

　　比如一件禮物，你精心挑選的禮物，即使在價錢上並不算昂貴，但偏偏是他正想要的，你的細心、體貼定會讓他感動。

第五章　尋找愛的真相：轉個彎就會幸福

　　有一位官員是一個聰明、靈巧、處處受歡迎的人，就像很多能力不幾的男人一樣，他自己的想法非常固執。但是他卻擁有非常美滿的婚姻，他和妻子享有愛情、浪漫和相互的尊重。他的妻子帶給他很多的快樂，用許多看似不起眼的「小犧牲」贏得了他的心，也使他變得體貼、柔和。

　　當他心情不好，不想多說一句話的時候，妻子就讓他獨自去思考，而不會以抱怨或嘮叨話來激怒他。妻子喜歡交際，但丈夫卻喜歡呆在家裡。妻子便很大度放棄了許多迷人的社交聚會而留在家中。這位官員是個喜愛哲學和歷史的人，而妻子卻偏愛輕鬆的讀本，但她還是細心的讀了一些丈夫喜歡的書，這樣可以趕上丈夫的思想，不至於在談到這類話題時一無所知，沒有共同語言。妻子從不依仗他的權力為自己或親友謀取什麼利益，更不會介入他的工作場合，耍太太的威風，她只是默默的支持著丈夫，關心著丈夫。

　　這位官員本是一個內向、不擅長表達情感的人。但妻子一點一滴的努力他都看在眼裡，怎能不感動呢？很久以前，他還覺得夫妻之間互相贈送禮物是一件非常可笑和矯揉造作的事情。但是在一個情人節，他卻像小學生一樣紅著臉，送給妻子一束用透明玻璃紙包裝，繫著美麗緞帶的玫瑰花，這是他刻意想要對心愛的妻子表示自己真摯的愛心。妻子非常開心，她那過於理性的丈夫從來沒有過這麼「不理智」的行為。她燦爛的笑容讓丈夫心中充滿了溫情和感動，從那以後，送禮物給太太成了這位原本顯得有些古板的官員最大的樂趣之一。

　　有一次，他花錢請人用兩個小時，把一小瓶香水包裝在一連串大小不同的盒子裡，只是為了要看看妻子逐一打開這些盒子時臉上幸福的表情。他的心思果然取得了妻子的歡心，在拿出小小香水瓶時，她早已笑出聲來。

「王子和公主走進結婚禮堂，故事戛然而止。從此，他們幸福的生活在一起」。一句話而已，想來卻又是那樣的不易。實際上，婚姻生活遠比愛情來得更長久、更細緻、更現實。婚姻能夠徹底改變一個女人，從外表到內心。精靈通透的黃蓉變成不通情理的中年婦女，這是失敗的例子。婚姻生活就像一場「玫瑰戰爭」，連接的不只是兩個人，還有雙方的家庭、事業、朋友。有人說，婚姻是愛情的墳墓，但其實婚姻也可是愛情的昇華。一個好女人會用智慧的心去詮釋愛情，用明澈的眼去照亮愛情，用火熱的情去點燃愛情，不斷為自己的婚姻加溫。

走進婚姻，女人少了許多「琴棋書畫」的風雅和詩意，多了些「柴米油鹽」的瑣碎，反而有了另一種平和與成熟之美。婚姻讓女人增添了些許韻味，幸福的婚姻打磨、淘洗，讓本來青澀的女人稜角漸去，直到磨礪成珠，珍珠的光彩並不奪目，卻最是柔美動人。幸福的女人用雙手將歲月繪成一幅長卷，織成一道風景。她們用青春和生命營造一段幸福的婚姻，她們纏綿的情懷成為男人們避風躲雨的港灣。她們溫柔的雙肩不再只接受愛情小鳥的停駐，更擔起了呵護婚姻的責任。

婚姻中的女人氣質不俗，一顰一笑中透出的是沉穩和端莊；婚姻中的女人美麗蘊含著深度，淡定的心悠然享受著寧靜和平和，氣質和風度中自有一種超凡脫俗的洗練。

婚姻中的女人用來自內心的人生體驗，演繹女人完美的風韻，在淡泊中輕輕駕馭著生活的腳步，永遠微笑如和煦春風。

第五章　尋找愛的真相：轉個彎就會幸福

▌選擇誰做丈夫

　　女人的戀愛都是想到走向婚姻的，戀愛中的女人雖然最美麗，但婚姻中的女人最踏實。但是老話說得好，「男怕走錯行，女怕嫁錯郎」，戀愛可以允許你犯錯誤，但婚姻最好還是一步到位的好，因為分手雖然痛苦，卻遠沒有離婚所帶來的痛苦大，並且離婚造成的影響遠遠超過了兩個人本身。比方孩子的問題、老人的問題、共同財產的問題等等，而女人一旦離婚也將面臨著很多社會壓力。女人面對愛情感性的弱點，使得女人對愛情缺乏理智，因而造成了選擇婚姻的偏差 —— 等結婚了才發現了種種問題，這都是對婚姻沒有客觀的認識所造成的。所以，女人選擇什麼樣的男人結婚是很重要的。

　　女人結婚之前可以有一打男朋友來供選擇，但是結婚了卻只能有一個男人，而這個男人也將關係到女人的終身幸福，萬萬不可因為衝動，在「愛」的作用下盲目、輕率的作了決定，而造成終身遺憾。

　　為誰而挽起長髮？選擇誰做丈夫？這都是女人最關心的問題。

　　現在有很多女人的擇偶標準的確讓人大開眼界：要麼想找名人，要麼想找大款，要麼想找高學歷，要麼想找個「潛力股」……還有一些女人想找擁有自己所喜歡的特點的，這樣一輩子才不會枯燥。比如柔弱的女人要找陽剛的，因為可以多些保護；事業型的女人要更堅強有力的，因為在受挫折時可以依靠；開朗、活潑的要笨點、嫩點、沒本事點的，因為這樣不會累；內向的女人要脆弱的，因為這樣可以顯示出自己的高大……而作為男人，除了媽生的不能改變以外，物質上是可以爭取到的，所以無論女人怎麼選擇，物質基礎豐厚的男人永遠優先考慮。

　　雖然，女人的想法是好的，但常常會事與願違，哪有那麼多好事都等

著你去拿呢？實際擇偶是個很嚴肅的事，女人往往把它當作幻想或者兒戲，而婚姻又絕對是一個家庭的問題，那可不是你女人多愛男人就能擁有幸福的，也不是一個男人多愛你就能解決問題的，是由很多方面共同造就的一個綜合結果。其實，女人選擇男人結婚，首先應該判斷男人對自己的感情是否真摯、是否能夠持久，因為情感是維繫婚姻的基礎和紐帶；然後需要考慮男人的性格是不是和自己適合，人品是否端正；最後女人才應該去考慮男人是不是有一個好工作，是不是有足夠的經濟基礎，心是不是很好，是不是個性，是不是有本事等等。

不過還有一些男人，女人是最好不要嫁的，比如 ── 有嚴重戀母情結或對父母不管不顧的男人都不能嫁。有嚴重戀母情結的男人往往是在溺愛中長大的，也許細皮嫩肉，長得也不錯，但千萬不要相信他的外表。他缺乏真正的獨立意志，順境中雖然能勇往直前，但一旦陷入困境，毛病馬上就出來了，心理脆弱，應變斷事能力甚差，甚至會頹廢、墮落；而對自己父母不管不顧的男人一般都缺少責任感、冷酷無情，一個人如果連自己的父母都不愛的話，還談什麼愛你呢？如果你發現男朋友因為你和父母吵架甚至大打出手的話，你可千萬別高興得太早了，這不是什麼好事！

志大才疏、誇誇其談、驕傲自大的男人最好不要嫁。這種男人自命不凡，好高騖遠，而又沒有實際才幹。同時，這種男人往往又不服氣別人的成功，不僅不知道補充自己的不足，反而把時間浪費在炫耀、吹噓和嫉妒別人上，那麼和這樣的男人生活，女人根本沒有什麼安全感及幸福可言。

心胸狹窄、心理陰暗、有明顯不良心理疾病的男人最好不要嫁。這種男人經常嫉妒成性，對妻子疑神疑鬼，毫無人生自由與尊重可言。並且時常會把不良心理陰影帶到生活中來，讓女人和他一起生活在不健康的情緒中。

第五章　尋找愛的真相：轉個彎就會幸福

酗酒賭博、自製力差的男人最好不要嫁。這種男人一般染上不良嗜好就會屢勸不改，容易被他人或環境擺布。生活中缺少溫存感，並且不成熟的性格又造成他內心深處有強烈的自卑感與不安全感，表現在生活中經常會易怒、好勝，甚至喜歡用暴力解決問題。女人要是和他生活在一起，那就永無寧日了。

好色、花心、舉止輕浮的男人最好不要嫁。這種男人將性看得很隨便，隨時都會去追求美麗女人，追到了就上床，而對自己的妻子卻是「馬克思主義」。因此嫁給他的女人通常不僅情敵眾多，而且社會交際也會被男人限制，那也只能以淚洗面了。

愛財如命的男人最好不要嫁。這種男人往往把錢看得比什麼都重要，對於他來說，任何東西包括愛情、親情，都是需要用金錢來衡量的，如果沒有了利益，也就沒有了感情。你願意嫁一個和你成天斤斤計較的男人嗎？

歷數前任女友不是的男人不能嫁，寬容永遠是男人的必需品格；滿嘴跑火車，一件事對不同人講不同版本的男人不能嫁；太有錢的不能嫁，因為錢會讓你時刻提防情敵⋯⋯

話雖然這麼說，但是，每個女人都有自己最傾向的男人，那麼，你就不用苦苦尋找了，先考驗一下自己的這個男人是不是能給你帶來幸福。記住，這裡說的幸福不是他能掙多少錢，他能做多大官，他能考取多高文憑⋯⋯而是他能不能給你帶來快樂，能不能給你安穩的家庭環境。一個男人最重要的不是他長得多好看、個頭多高、有多少物質基礎、能有多大成就，而是他有沒有責任心。責任心說起來容易但實際很難，既體現在家庭中也體現在事業上。如果一個男人有責任心，那物質水準的提升也是必然的，家庭的和睦也就會順理成章；如果沒有責任心，即使他現在多有成就、多有錢，你也不一定能有好運氣和他分享。

　　所以，女人戀愛最主要的一步就是擇偶，戀愛最終的目的也是擇偶，對結婚對象的選擇是一生中最嚴肅的事情，萬萬不能一招棋錯，滿盤皆輸，反而因為結婚這麼美好的事情影響到你的一生。女人對於結婚對象選擇上的心理弱點，一定要盡力避免，多聽取大家的意見也很有必要。婚姻不能像戀愛，什麼樣的男人都能去嘗試，那是一條不歸路。

　　為誰挽起你的長髮？髮端可能拴著天堂，也可能拴著獄……

▍怎樣分手不會痛

　　無論是男人還是女人，在愛情路上都並非總是一馬平川，那麼失戀、分手就是司空見慣的事了，我們中間的很多人都經歷過分手的痛苦。分手無非兩種情況：一種是男人先提出分手，一種是女人先提出分手，即使有不言而喻友好分手的兩個人，也必然會有一個人先提出分手或採取分手的行動。雖然分手是一件很讓人傷心的事情，但分手也不一定是不好的事，大多反而造就了兩個人更大的幸福與自由。面對已經死亡的愛情或單方面痛苦的愛情，分手可能會幫你避免了未來的悲劇與更多的傷痛，也使你對自己的愛情觀念有了更清楚的認識與理解，對未來的人生起到了正面作用。然而很多女人面對分手卻是優柔寡斷的，總怕受傷害，即使自己已經不愛對方了，也不願意先提出分手，因為女人往往不願意承受過多的內疚感。而這樣的優柔寡斷反而會讓自己陷入更大的傷害之中，也使對方的傷害更加慘重。已經沒有了愛的兩個人即使現在不分手，將來也隨時都會有分手的可能，那麼到時候兩個人所受到的損失都是可想而知的。對於愛情繼續還是選擇滅亡的處理，也是對優柔寡斷的女人一個大大的考驗，怎麼樣分手才不會痛？

第五章　尋找愛的真相：轉個彎就會幸福

　　我遇到過這樣一件事，一個在其他方面很果斷、很理智的女人，在面對一個男人瘋狂的追求時妥協了，也接受了。但是在交往的過程中卻發現了那個男人諸多地方都與自己格格不入，最讓她難以忍受的是那個男人有很強的物質欲望，對金錢的追求永無止境。於是她開始對與這個男人的愛產生了懷疑，甚至一點一點喪失。但是經過了半年的相處，雖然愛情不在了，感情還是存在的，那是與愛情不同的兩個人之間的情意。她始終優柔寡斷，不能很果斷提出分手，因為一方面她覺得對不起那個男人對她無微不至的關懷，另一方面她也怕再找不到像他對自己這麼好的人。然而，她一直沒提出分手最關鍵的原因卻是她一直沒有說出來的 —— 她總是不想做個放棄對方的壞女人。在一次小分歧時，男人因為賭氣而說出了分手，這也是她一直在等待著的話，於是，她頭也不回就想馬上離開。男人後悔了，哀求她原諒自己。她等了那麼久的話他終於說了，也是最好的分手藉口，她怎麼能放棄？她還是堅持分手，假裝不原諒男人。男人為自己的「過失」懊悔不已，便直接沖到廚房，只聽見一聲響，男人的小拇指已經靜靜的躺在案板上了。她知道，分手以失敗告終了，因為她懼怕如果分手了，男人會去自殺。於是，這樣毫無生機的愛情還在繼續著，而她行屍走肉般的戀愛也在繼續著。後來兩個人的感覺漸漸淡了下來，男人也明顯感覺到她不愛他的事實，終於傷感而無奈放她離開。最後男人說了一句話：「你不愛我，你完全可以早點說。為什麼非要從我這裡找藉口呢？是不是那樣的分手你會覺得心安理得一點？現在你是不是很滿意？」

　　這個女人的優柔寡斷不僅沒有讓自己坦然，反而多了很多愧疚。如果當初選擇好好提出分手，那麼後來的悲劇也就不會發生。現在，還是分手了，可損失真的很大：男人因為衝動而少了一根指頭，而女人這一輩子可能都背著良心上的負擔。其實這也是我們最不願意看見的，但也許就會因

為我們的優柔寡斷而發生。

　　也許你自己已經感覺到你們的愛情出現了很多問題，已經沒有繼續下去的必要了，心裡也常常在計畫著分手，那為什麼沒有提出來呢？是因為你覺得愧對他對你的好，還是不能忘記和他在一起曾經快樂過的點點滴滴，還是你認為你離開了他會去自殺？其實，這只是你在為自己的優柔寡斷尋找著藉口，因為你知道分手會痛。不管是不愛你的他，還是不愛他的你，即使不在了，相處的記憶仍深刻留下來，也和失戀的那方一樣會很痛。你也許時常在想：是不是能找個不痛的分手方法？那我一定會馬上分手。

　　那麼，女人自己就又開始給自己找麻煩了 —— 因為有人說過：「不主動提分手就不會造成痛苦。」這將代表著，你已經不想再和他在一起了，也想馬上分手，但是你想：我不能先提出來，因為先提出來的人就是代表著變心的人，那就表示我對不起你，我就會有內疚，而內疚了我就不會很快樂。所以即使我不愛你：我也絕對不能先提出來，提出來了就是我錯了，我可不想背上這麼重的心理負擔。

　　其實，這還是女人的優柔寡斷在作祟，是一種自私的表現。她希望從對方身上找毛病，等對方說出分手以後，自己可以順杆往上爬，這樣自己就可以比較輕鬆分手了，心理上也不會有負擔。臨走時，還要說一句：「你這個背信棄義的傢伙，現在你記住，是你不要我了，你以後可別後悔。我沒有背叛我們之間的海誓山盟，是你背叛了我們的愛情。你要是後悔了再來找我，我也絕對是不會原諒你的！」

　　是的，雖然這樣，女人因為分手而造成的痛會少一點，但是就這樣自私將痛全部扔給男人是不是太殘忍了？不愛了，可以好好說出來，不愛是最好的理由，何必非要等著對方來說呢？浪費這麼長的時間等對方開口，

第五章　尋找愛的真相：轉個彎就會幸福

對對方造成時間上的拖延是不是也是對不起他，也是一種不道德呢？那同樣是不道德，還是選擇「先提出分手」這個不道德吧！

我還遇到過一個女人，她已經不愛男朋友了，但是不願意說出來，便採取了「漸漸疏離」的政策，她認為這樣可以最大限度減少分手的痛。於是便蠱惑男朋友去外玩，等他回來了，自己又假裝出差，然後以各種藉口拒絕與男朋友見面。這樣一來見面少了，生活裡的交往越來越少，彼此對對方的感覺也就淡了、陌生了。那男人也不是個傻瓜，很快就感覺到了異常，於是分手就成事實。她說：「到最後要分手時，我們誰也沒有覺得意外，所以也就不覺得很痛，他雖然有點想不通，但很快就會好了。我們現在還是朋友。」

這位元仁姐「疏離分手方式」的確很奏效，也的確值得一試，但還是有顧慮的：如果你不小心遇到的是一位執著的「強驢」，他要是不到南牆不回頭怎麼辦？可見也有行不通的。

其實，只要是分手都會痛的，有時候是他痛得多點，有時候是你痛得多點，有時候大家都很痛，也許痛的程度可以分輕重，傷口可以深淺，那麼要講究分手的技巧了 ——

首先自己要有個正確的認識：只要是分手都是會痛的，有的會痛很久，有的人痛很短就已經「康復」了。你即使一輩子也不說出「分手」兩個字來，那你為分手所做的各種準備也無形中會給對方造成傷害。所以與其讓一段死亡的愛情拖著，還不如痛痛快快解決了來得實在。不管有多痛，都會過去的，畢竟人還是要生活的嘛！

其次要講究分手的技巧：我記得我不成功的初戀是痛得徹骨，不是因為愛情，而是因為那個男生是在高考第一天的中午提出來的。那天剛考完語文，我因為發揮得不錯，興致勃勃，正要為下午的考試做準備，可是當

知道要分手了，後面幾門考試自然就知道成什麼樣子了。這也是我一生的痛，痛得沒有了盡頭，每次關係到自己的學歷問題就會痛得齜牙咧嘴。希望我們的仁姐們千萬不要這樣殘忍。

然後分手要有計劃：分手之前要盡量多給對方一些準備的信號，讓對方有充分的心理準備和適應，不然這樣的分手就很不公平了。而女人也要把該承擔的承擔下來，不可逃避責任，也不要說讓對方傷心的話。在顧及對方感受和尊嚴的情況下，最好也說出分手的原因，但記住，這時候要多做自我批評而少去批評他的缺點，免得讓他更加痛苦。

最後，也是分手最關鍵的環節，就是不能再優柔寡斷、拖泥帶水，不要想著多一個人繼續愛著你能有多少成就感。分手就應該利落，而不是一味的給對方希望，這樣也就太自私了。

分手的地點也很有講究，不要選擇很嘈雜和單獨相處的地方。嘈雜的地方會讓男人很沒有面子，想哭也不敢哭；而單獨相處可能會讓過激的男人對女人造成傷害。

如果愛情已經死亡，與其拖著一段不死不活的關係大家都痛苦，不如趁早分手，讓彼此有個新的開始。想分手的女人，不要讓自己的弱點害了男人也害了自己，那將是無法挽回的結局。

▎離開只是一轉身的事

有個女人深愛著一個男人，而那個男人卻不懂得愛，總是有意無意傷害著這個女人。過了很多年後，男人告訴女人：「別等我了，我在找讓我有感覺的女人，不知道為什麼就對妳沒感覺！」於是，女人又等了很久，後來在忍無可忍時終於離開了。她很有感觸說：「為了一份愛，我花了很

第五章　尋找愛的真相：轉個彎就會幸福

多年時間，結果離開也就是那一轉身的瞬間。但也正是那一瞬間，我才明白了愛是什麼、愛情是什麼。愛可以什麼時候都發生，但愛情卻需要兩個人的努力，看來以前那麼多年都白活了！」

還有一個女人深愛著一個男人，那個男人也愛著她，但是因為個性問題而不斷磨合著，而且男人還有很多女朋友。她非常痛苦，就去找另外一個男性朋友訴說，而這個朋友總是給她很多鼓舞和關心，只要她需要他就會適時出現。就這樣，她和那個男人打架打了很多年，愛了很多年，也對這個朋友訴說了很多年，最後，她終於決定放棄以前她深愛的那個男人。就在她為放棄而痛苦的時候，這個朋友將肩膀借給她靠著哭泣。就在從那個男人肩膀到這個朋友的肩膀之間的一轉身上，她忽然覺得愛情實際已經在她的傾訴中產生了，只是她一直沒有轉身而已，而這個等待她很多年的朋友就在這一轉身之間成了她幸福的源泉。

有時候明白與不明白也就是在這一瞬間上，只是你不知道如何開始或該如何結束。對於愛情也是這樣的，也許妳在一轉身之間可以離開一段不堪回首的愛情，也可能在一轉身之間離開了自己曾經的錯覺而得到一份愛情。那麼，幸福與不幸福、愛與不愛也就發生在這一轉身之間。

女人往往想不明白這個道理，總是認為愛得執著、愛得苦澀也許就叫愛，可是往往忽略了有些愛是需要妳轉身離開的，而有些愛是需要妳轉身離開過去才能擁有的。

古人說：「好女不嫁二夫。」這個影響似乎纏繞著我們女人數千年，也該是女人翻身的時候了。我們不要一味讓男人來選擇是該愛我們還是該離開我們，而是我們可以自己去主動選擇、爭取和經營愛情。

有些男人和妳的距離很近，並且口口聲聲說著愛妳，但心卻離妳很遠，或者他的習慣離妳很遠，你們不是同一世界的靈魂，那妳就必須學會

轉身，走向自己的世界，回到自己的藍天；有些男人距離妳很近，心也離妳很近，卻沒有說愛妳，那麼妳也要學會轉身，轉身離開曾經的無知，來爭取自己的愛情。

我們為什麼就不能主動一點？幾千年來我們被人挑、被人揀，難道還不夠嗎？在古代，男人一句「休妻」，就可以離開一個女人；而現在的女人也總是等著男人來追，等著男人來揀，永遠都不會掌握主動權。

有一個女人和她的男人生活富足，兩人之間也沒有第三者。但是女人的憔悴顯示著女人的不幸福，熟悉他們的人都知道：女人只要晚回家五分鐘，男人就會使勁盤問，因此女人總是活在猜忌的陰影裡。生活就像噩夢一樣纏繞著女人。後來女人主動提出了離婚，選擇了離開他，也選擇了離開噩夢般的生活。這個女人是明智的，如果不能生活下去，那就選擇離開。

與這個主動的女人比較起來，還有一些女人就顯得被動而無奈了：她一直在等著別人來追，的確也有人來追，但是很多年都過去了，她已經成了老姑娘，卻還是孑然一身。原因也很簡單：追她的人她看不上，她看上的人卻不來追她。難道就這樣被動等待著？為什麼不去追妳喜歡的人呢？妳只要轉身去追他，就可以離開一個人寂寞的生活了。可是就是有這樣的女人，寧可等待也不去選擇主動出擊，難道自尊就那麼重要？

其實妳的一種生活狀態或者戀愛狀態並非妳想像的那樣無可救藥，只是妳沒有採取離開這種簡單的舉動，女人往往把轉身的事看得很重。如果一個孩子，他喜歡一個什麼東西，他就會要，他不喜歡，他就會不要，而女人總是把喜歡表現成不喜歡，把不喜歡掩飾成喜歡。這就是因為女人她會思考，但是她的思考有時候會像瞎子般一路走到黑。

難道，愛情中主動出擊很恥辱嗎？其實已經有很多女人開始行動了，由女人提出離婚的越來越多，原因是各式各樣的問題，大部分都是因為無

法忍受這樣的生活；女人追求自己喜歡的男人的例子也越來越多，這並沒有影響到女人的尊嚴，反而過得很幸福……

　　靈魂與靈魂之間的差距，是永遠也彌補不了的。那麼，還在等待的女人，站起來，嘗試著轉身離開妳現在的悲傷愛情，離開妳現在的愛情盲點吧！

▌專注之外，還要平衡

　　她是他朋友的朋友。有一天，在他們共同的朋友家有個聚會，他們就是在那時候認識的。那天，酒足飯飽之後，大家一邊聊天，一邊看著電視上的綜藝節目，不時會發出一陣爆笑的聲音，氣氛好極了。很幽默很會搞笑的他，就這樣輕易擄獲了她的芳心。

　　正式交往後，她要求擁有百分之百的他。她撒嬌說：「有空多陪陪我啊！」「不要成天向外跑嘛！」「跟那些狐朋狗友在一起最無聊了！」……

　　他愛她，想討好她，所以，不論她說得有理還是無理，他都依她。於是，他們最大的娛樂，也幾乎是唯一共同的愛好，就是盯著看電視綜藝節目。

　　每逢週末和節假日，他們就窩在客廳的沙發上看綜藝節目，從一個臺換到另一個臺。有時候，遙控器在他手上；有時候，遙控器在她手上。

　　但是，不論遙控器在誰的手上，爆笑的次數愈來愈少了，她和他坐在沙發上的距離，也愈來愈遠了。

　　「庸俗！」、「低級！」、「無聊透頂！」當他用這些詞彙來評論他們曾經那麼熱衷的綜藝節目時，她的心頭總是一驚——

　　「難道他存心指桑罵槐嗎？」

她不動聲色，忍氣吞聲繼續看了一個月的綜藝節目，也注意到客廳從爆笑聲、指責聲，到最後只剩下嘆氣聲……

她問：「你以前不是很愛看綜藝節目嗎？」

他答：「那是從前，現在這些節目仿來仿去，相互比爛，無聊透了！」

兩個月後，他以「你一直沒有長進」為由，選擇了主動離去。

因為失戀傷心欲絕的她，始終想不通：究竟，是因為彼此沒有長進，才讓他們的愛情無聊得像綜藝節目；還是，綜藝節目太無聊，才使得他們的愛情沒有長講？愛，不進則退，也許，要等傷口慢慢癒合之後，她才會明白 —— 愛情，需要空間，也需要養分。有各自的朋友圈子，同時也擁有共同的朋友，培養更多共同的興趣，既可擴展卒間，也會獲得養分。愛情的品質，跟綜藝節目的好壞，實在沒什麼關聯。人們常說，認真的女人最美麗；專注的男人最有魅力。「認真」與「專注」被認識是很可貴的態度，可以將我們生命中的能量與熱情，集中於單一的事物或對象。但是，若忽略周邊其他關係的地步時，可就不怎麼美妙了，許多偏執的現象就是這樣產生的。

「均衡」一直是很重要的生活觀念。要避免走火入魔產生偏執，必須試著「均衡」一下！就像我們不能因為偏愛吃肉，就將蔬菜水果一概拒之的道理一樣，飲食要均衡，人際關係需要均衡，興趣專長也需要均衡。

戀愛中也一樣。很多陷入情網的人，總希望戀人只對她一個人「情有獨鍾」。不過，可別忘了 —— 當對方眼睛只有你，而完全忽略其他的人際關係時，這場戀愛也會談得很淒慘。

在我們的周圍，並不乏這樣的人，只要求對方用情專一，卻不在乎他平常的人際關係與生活圈子，愛上這個人的同時，也失去了整個世界。

第五章　尋找愛的真相：轉個彎就會幸福

愛上一個人，不論是愛情的伴侶、還是交友的對象，不要只是在乎對方對你的態度如何，你還得留意他用什麼態度對待他身邊的其他人。

情有獨鍾，聽起來挺動人的！但是他若只是對你一個人溫柔，對別人都很凶暴，這種殘酷的溫柔，會把「情有獨鍾」變成「情有毒終」，不是他自絕於天，就是你陪他一起暴斃。

鞋子裡的沙 VS 遙遠的路程

伏爾泰（Voltaire）說：「是鞋子裡的沙子而不是遙遠的路程讓我們走不遠。」生活中有無數這樣極端的例子：一對夫妻，歷經磨難才走到一起，卻因為擠牙膏的方式不同而分手了。因愛而結婚，卻因瑣事而離婚。

他是某所大學社會學系的一名學生，準備在自己的畢業論文裡探討愛情與婚姻之間的關係。

在歸納兩份性質相同的材料時，他發愁了：

一份是雜誌社提供的四千八百份調查表。問的是：什麼在維持婚姻中起決定作用（愛情、孩子、收入、性、其他）？百分之九十的人回答的是愛情。

可是從另一份材料 —— 法院民事庭提供的資料來看，根本不是這樣：在四千八百對協議離婚案中，真正因為感情徹底破裂而離婚的不到百分之六十，其他的都是因為一些生活瑣事而離婚。例如：

一號案例：

離婚者竟是一對老人，男的是教師，女的是醫生，他們離婚的直接原因是：男的嗜菸，女的不習慣；女的是素食主義者，男的受不了這種生活方式。

二號案例：

離婚者大學裡曾是同學，有三年的戀愛歷史，卻只有五年的婚姻生活。導致離婚的直接原因是：男的老家是農村的，父母身體不好，姊妹又多，家中的？切事情都要靠他來支撐。正因為此，他的同學都已步入小康，而他們卻過得緊巴巴的，妻子心裡總不是滋味，經常因為各種事情而與他吵架，最後只能離婚。

三號案例：

離婚者剛結婚幾個月，男的是員警，睡覺時喜歡開窗，女的不喜歡這樣；女的是護士，喜歡每天洗一次澡，而男的又受不了。倆人為此而經常吵架，結果是各奔前程。

他這才發現，原來自己選擇的《愛情與婚姻的辯證關係》是非常難的一個課題。

為了得出一個明確的結論，他又找了許多相關資料，並做了實地調查。但結果讓他十分震驚，除了寬容、忍讓、賞識之類的言辭外，並沒有發現愛情和婚姻存在什麼辯證關係。

他的論文結論是，家庭的組建是因為雙方有愛情和性，而家庭的破裂是雙方缺少寬容、忍讓、賞識等。是鞋子裡的沙子而不是遙遠的路程讓我們走不遠

年輕氣盛時，我們只奉行一個原則。如果從牙膏的尾部擠牙膏是原則，那絕不容許從牙膏的中部擠牙膏的事情出現。除了擠牙膏還有睡覺前誰關燈，早上誰接那個吵醒美夢的電話，誰在孩子的作業本上簽名，任何一件小事，都可以讓我們拿出「追求真理」的勁頭來追求一個原則。對於感情，更足如此。如果他不能堅持愛情，那麼唯一的解決方法只能是立刻

分手，一拍兩散。總之，我們的眼裡容不得半粒沙。

　　但家不是講理的地方。既然不是講理的地方，自然就可以妥協，所以原則應該具有靈活性和多樣性。

　　如果我們知道，擠牙膏方式的不同可能讓我們的愛情之火熄滅，我們一定會用一兩分鐘的時間商討這個問題，從而達成容許多種做法存在的共識。

　　同樣，如果我們知道，妥協可以讓痛苦的時間縮短，即使是在原則問題上，也有讓步的可能，那麼我們就不會讓一個人的小錯誤毀滅可能是一家三口的幸福。

　　常常是在我們認識到情感的任何一點裂隙，都可能帶來婚姻的巨大損失時，我們才會發現，即使是那些重大的問題，愛的基礎上的妥協都是成本最小的解決之道，而我們在婚姻生活中奉行的應該是多項原則。一個人擁有的條件越優越，在愛情上往往也擁有更為廣闊的選擇空間，但可供選擇的目標越多，她在做出選擇之前，內心經歷的矛盾和衝突也就越多。

▌為婚姻留條門縫

　　事情往往是這樣的：當兩個男人正在談論女人的時候，兩個女人也許正躲在廚房裡談論男人。因為男人和女人是個不朽的話題，是百說不厭的，而每個人對自己的婚姻都有自己的一套方式。當然，我們不能貿然談論這些方式的對與錯，可還是有些探討的空間的。

　　和上述女人比起來，還有一種女人恰恰相反。她們對婚姻異常熱情，對男人的事情也瞭若指掌。但是這種女人也會和婚後沉默掛鉤，當然也會和問題婚姻掛鉤。對男人的一舉一動都想了解的女人，通常結果會有

三種：一種是我們最希望的，也是最樂觀的情況，那就是男人高興被這樣「監視」著，婚姻也會很幸福、長久；第二種是男人不服女人的「監視」，也非常不喜歡女人將自己拉得緊緊的，這樣，丈夫回家只能是話越來越少，到最後你不想沉默了，而他卻在逼你沉默；第三種是男人因為女人的無休止的「掌控」欲望而憤怒，最後兩個人打得不可開交滿地找眼鏡！

　　這種女人的確是積極的，但積極得過分了，那麼男人就有意見了。我記得有人說過，女人的第一個孩子是男人。既然男人是孩子，那麼他也有很強的逆反心理。將他緊緊拴在你的方寸之間，不僅會讓他喘不過氣來，也會有他忍無可忍、掙脫繩索逃之夭夭的可能！

　　前幾天有個朋友很著急找我，因為她和丈夫出了點問題，並且提出了離婚。這是一個很賢慧又很有心計的女人。她的工作輕鬆，自然薪水也就會少一點，而丈夫是一家公司的業務經理，收入和位都是很讓人羨慕的。平時無論走到哪裡，她都會跟隨著丈夫，用她的話說：「丈夫」，就是一丈之夫，只有將他控制在一丈之內他才是你的男人，他要是跑出了一丈之外就不是你所能控制的了。」我以前聽到她這個言論，很是佩服，當然先不去管她究竟是從哪裡杜撰來的，但她對這個觀點的具體實施的敬業之極，也的確是我所不能比擬的。後來，她乾脆辭職，專門在家裡相夫並充當丈夫的義務陪同而出席各種場合。可是問題就出現了 —— 她沒有了工作，也就沒有了收入，在生活上變得被動起來了。原來對金錢看得很輕的她也開始為丈夫的薪水少交了幾塊錢而大打出手；丈夫的一次晚歸也會讓她疑竇百出；丈夫的一次聚會沒有帶她去，她就認為丈夫對她不尊重……那個可憐的男人終於身心疲憊了，向她提出了離婚，並且願意從每月的薪水中拿出百分之五十來養活她。

第五章　尋找愛的真相：轉個彎就會幸福

　　總的來說，這個男人還是很講情義的，到最後還想著她的生活，也能看出對她的愛來，但是又為什麼要離婚呢？他告訴我：「我真的很愛她，但兩個人連最基本的信任都沒有了，那真的很累。我要照顧她，又要照顧工作，實在是有點力不從心了。即使離婚了，我也不見得要和別人結婚，就算：照顧她一生我也願意，只要她能給我喘氣的空間就成了！」

　　看著這個男人，我就彷彿看到了他在女人手中掙扎的景象。「丈夫」也可以理解成一丈之夫，但女人大可不必將男人用一尺之線拴在自己身上，即便是一隻小貓小狗也會有鬧意見的時候。

　　後來，這個朋友很驚訝於我的婚姻狀態：我整天忙於自己的事情，應付得相當困難，當然更沒有時間來管丈夫獵狐在忙些什麼。但這並不影響我們的溝通，每天至少有一個小時的時間都是他主動在給我講一天中所遇到的問題。當月初丈夫獵狐將薪水交到我手中的時候，我總是仔細數完，然後給他留下足夠的交際費用，將剩下的部分放在抽屜裡（沒上鎖），任他用多少再拿多少就可以了。欣慰的是，他從來不會亂花錢，總是能富裕不少再放到銀行裡。至於生活上，我們也是足夠民主的，任何事情都是兩個人商量完了再決定（自願）。即使他回家晚了或出差了，我也很少去刨根問底，他愛說不說。可是，男人就是這樣，你越是抓著他，他越不願意讓你抓；你越是給他自由，他越會主動來向你彙報「工作」。所幸，暫時還沒有看到丈夫獵狐有任何對家、對我不負責任的苗頭。

　　這位朋友回去後，嘗試了我交給她的方式，很快，她就打電話告訴我：「他又不想離婚了，我們比原來還好呢！」

　　當然這並不能代表我的婚姻理念就是正確的，它會因人而異。有些男人是你不抓他不成，有些男人是你越想抓越抓不住，不抓反而就是你的了。

　　還是那句話，男人是孩子，即使他想交朋友、想應酬、想瘋狂，但當他累了以後，第一個想到的就是家，他遲早都會回家的。

　　我們可以將婚姻比喻成一個房子，房子裡是男人和女人，無論男人的眼睛在哪裡流浪，但男人終歸是要在這房子裡過一生的。因此房子的空氣就很重要了，如果房子密閉嚴實，男人的每個動作、每次呼吸你都聽得清清楚楚，那固然是因為你愛他，而他也離你近。可生活又不僅僅是婚姻，無論是男人還是女人都要與外界接觸，都需要呼吸到新鮮空氣。如果兩個人一直是處於彼此牽絆的局面，就像用一根短短的繩子拴著婚姻、拴著男人，走得很近、很放心，但是男人會累，婚姻會累，而女人自己也會累！反過來說，如果房子留下一個門縫，男人可以呼吸到新鮮空氣，女人自己也可以呼吸到新鮮空氣；男人當然可以上外面去看看、去逛逛，然後又可以從門縫裡擠回來休息。無論是外面廣闊的天空還是家裡的溫暖，男人都擁有了，而女人當然也可以從門縫裡放飛一下心情，何樂而不為呢？

▎夫妻應該是彼此情緒的緩衝器

　　當人受到關注，或者不良情緒得到宣洩時，學習和交往的效率就會大大增加，社會心理學家將這種奇妙的現象稱為「霍桑效應」。

　　在婚姻上，「霍桑效應」提示我們：當伴侶在生活、工作遇到不稱心的事情時，夫妻雙方應當對彼此的情緒進行緩解和釋放，這樣更有利於雙方幸福感的增加。

　　曾有一對夫妻給我發來郵件，訴說了這樣一個問題：

　　舒影（妻子）：

　　我在結婚前還沒怎麼發現他有胳膊肘往外拐的毛病，可結婚幾個月來

越來越明顯了，連著兩件事情，氣得我跟他徹底冷戰。我經常會想，他跟我哪還是親人啊？

第一件事是我工作上的事。我前一段工作中出了些問題，被扣了不少薪水，扣錢本身也不是大問題，問題在於公司這樣做到底公不公平，制度到底合不合理？我回家跟他說起這件事，本來就是想讓他安慰我一下。結果，反被他教訓了一番，真讓我沮喪！他先是說扣就扣了無所謂，我說你怎麼那麼說話，那可是我的工作報酬啊，我把多少時間精力都搭進去了，他們怎麼能這樣對待員工？他說那已經扣了，你生氣不是自找麻煩嗎？再說了，人家扣你的錢，肯定也有人家的道理，你自己長個教訓，找找自己哪兒出了問題。一頓話讓我鬱悶了一個晚上！

隔了一天，我陪他去郵局取一筆匯款。櫃檯窗口沒有標誌，我便詢問櫃檯裡的服務小姐，人家正忙著和同事聊天，頭都不抬一下。我又問了兩次，仍然不搭理我，還是跟同事聊天。我就有些生氣了，大聲說：你這人怎麼這樣啊？你能不能騰出點工夫聽我說話？他卻在旁邊拉我胳膊，說你幹嘛呀？處處跟人較勁！這可好，那小姐抬起頭來說，看，連你老公都覺得你火氣太大了吧！出了郵局，我就控制不住眼淚了，新仇舊恨，跟他大吵了一架。我真不明白他幹嘛總是向著別人說話，挑我的不是？我們還有什麼親密可言？

林凡（丈夫）：

在她眼裡，我說話總不向著她。可她說的這兩件事，也是站在她的角度來說的，表達的全是她的主觀意見，而我只能說她愛聽的，要順著她的意才行。想要讓她接受我的觀點，真是比唐僧取經還難！

她那個公司本來就不是特別規範，經常巧立名目剋扣員工薪水。這她又不是不知道，只不過以前她沒被扣過罷了。當時她去這家公司的時候，

我就勸過她不要去，要去呢，也要做好適應那個環境的準備。像那種老闆說了算的小公司，通常的遊戲規則是，要麼委曲求全，要麼不幹。沒有必要去抱怨，也沒有必要覺得心理不平衡，追問公不公平，更是沒有任何意義，在老闆眼裡，她根本就沒質問公不公平的資格。

再說郵局那個事情，本來就不該對郵局的服務抱什麼期望。在許多郵局，這種工作態度是司空見慣的，她應該具備應對這種情況的能力和常識。可她非要覺得自己被冒犯了，跟人家較勁，還要遷怒於我。哪有這種必要啊？

其實，我們從旁觀者的角度一眼就可以看出，舒影的情緒急切的需要發洩，她在找碴遷怒於丈夫林凡。這種遷怒實際上是一種轉移，把對老闆的憤怒轉移到老公身上。原因很簡單，對老闆生氣是不安全的，除非你不想幹了。對老公生氣或對郵局職員生氣是安全的，老公是自己的老公，生生氣無妨，郵局職員呢，對他們撒氣也沒關係。

雖說如此，但是丈夫也別去質疑妻子生氣的合理性，這樣會引發對方內心的不協調，易於形成類似抑鬱的情緒現象。聰明的丈夫一般都會認個小錯，保證下不為例也就夠了。夫妻經常要形成「打的願打，挨的願挨」的關係，這是一種彼此適應。婚姻裡沒有對錯，只有配合。因為妻子（老公）需要發洩，不需要撫慰。

婚姻不是一個說理的地方，夫妻彼此應當扮演情緒的緩衝器，更多的關注對方的需要而不是去關注應該不應該。

當一方在外受了委屈，不要忙著去評價誰是誰非，而要給予對方積極的認同。不管對方把問題誇張，甚至歪曲成怎樣，你都要先給予共鳴，讓對方覺得你充分的理解了她。因為誇張、歪曲都是為了釋放情緒，批評對方的誇大，實際上是在打壓他的情緒，等於醫生為了治病，卻把人給治死

了，得不償失。即使想幫助對方，也要等待時機，等對方發洩夠了，舒坦了，再娓娓道來。說不定，對方消氣以後說出來的道理比你更標準。

此外，在婚姻的情緒管理中，夫妻最好輪流扮演情緒的釋放者和承受者，對促進兩人的親密感大有好處。傾訴情緒的那一方，讓人易於親近，也易於親近對方，對改善夫妻關係非常好。要不，怎麼會有那麼多的當事人喜歡心理醫生？如果總是一個扮演傾訴者，一個扮演傾聽者，夫妻關係就很乏味。為了維繫那種親密，一方不得不總在傾訴，另一方不得不總在傾聽，雙方都叫苦卻無力擺脫。

夫妻間要學會從自身找原因

在生活中，自我服務偏差首先表現為把成功歸因於自己的努力，而否定自己對失敗負有責任，使我們不能客觀的評價自己的得失。

在生活中我們經常可以看到下列的情形：

張佩佳在接受婚姻諮詢時說：「我為陳凱做了許多，家裡的事基本上都是我做的，他卻忽視我，他只關心自己的工作。」

陳凱說：「可是我工作是為了什麼？還不是為了供我們這座大房子的貸款並有錢去旅行。我也很累啊，她應該感到快樂才對，真不明白她為什麼總是悶悶不樂。」

張佩佳回答：「如果我們平時連交流和溝通都沒有了，有一天會連愛都失去的。沒有愛情，我要房子和旅行有什麼用？」

陳凱說：「你似乎說你付出的比較多。」

張佩佳說：「是，家裡的重擔總是壓在我一個人身上。我洗衣、做飯、帶孩子、做家務，我做那麼多事，你卻只做一件事 —— 去上班。雖

然你賺了一些薪水，但我認為我付出的太多了。」

從心理學的角度來分析，在他們身上出現了一種稱為自我服務偏差的現象，這種現象或多或少在每個人的身上都存在。

所謂自我服務偏差，是指人們有過分強調自己對成功的貢獻和盡量縮小自己對問題所應承擔的責任的傾向。

上述例子其實表述的是生活中的一種常見的現象。正是由於自我服務偏差，在生活中，夫妻雙方的每一方總認為自己在一些活動中承擔的責任大於二分之一，雙方都認為自己在家務中所的事情更多，而縮小甚至忽略對方的付出。

在夫妻生活中，男人需要明白女人是感性的，需要愛和關心。對女人來說，一朵玫瑰和準時付租金得到的是差不多相同的分數。丈夫要知道為妻子做點小事可以創造很大的不同，比如，回到家，先別做其他的事，擁抱她；問問她今天過得如何：偶爾幫妻子做做家務；當她跟你講話時，放下報紙或關掉電視，試著全神貫注聽她說……而女人必須接受男人將大部分精力放在大事上的天生傾向。接受這個傾向，不應視為對她的傷害，她可積極與他一起解決問題，而不要生氣他給得太少，她可以重複讓丈夫知道她有多感激他為她做的小事，讓丈夫更有動力這樣去做。

夫妻生活中，真的可以精確計算出誰付出的多誰付出的少嗎？關鍵是，我們要設身處從對方的角度來考慮問題，拋棄自我服務偏差的心理效應。

有個女人曾對我抱怨她的丈夫：

「我做飯，他看電視；我洗衣服，他睡覺；我收拾屋子，他打遊戲。這就是我們的生活，從結婚那天開始，就從來沒有改變過。我們一樣的上班，一樣辛苦工作，但家務活肯定要由我來做，他的理由是他們家就這樣的傳統，而且還暗示我做不到他媽媽那麼賢慧。

第五章　尋找愛的真相：轉個彎就會幸福

三年了，我發現我的性格發生了很大的變化，我在家的嗓門大了，聲音急了，嘮叨了，而且特別容易不高興。我真怕這樣下去，會變成一個潑辣的黃臉婆，我該怎麼做？」懶丈夫一定會擁有一個勤快的妻子，上帝彷彿就是這樣在人間玩平衡。其實懶丈夫是勤快的媳婦給慣出來的，並非來自上帝的幽默。要讓自己的丈夫變得勤快，關鍵是要調整做妻子的內心對髒、亂、差的容許性，還要提高忍飢挨餓的能力。男人對髒、亂、差有天生的忍耐力，飢渴和性的欲望的忍耐力就比較小，找件無關痛癢的家務事慢慢做看，看你的男人在饑餓的煎熬中對電視、對遊戲是否還有那麼大的定力？

凡事先對自己好，有時間去做做美容，泡泡 SPA，健健身，開開心心過你的日子。遇到這樣的妻子，男人想不變得勤快都不行，幾年下來，變得嘮叨且黃臉的人一定是你的丈夫，而不是你。

問題是你是否捨得讓你愛的男人受苦，你有沒有那種讓男人甘心為你受苦的魅力？

第六章
幸福在淡淡的習慣裡：好習慣
決定女人的一生

▌戰勝嘮叨，讓你的話簡短一些

嘮嘮叨叨，是女人最容易犯的錯，而愛嘮叨的女人多是因為生活發生了不愉快的事，從而產生抱怨造成的。有的人一味的埋怨自己做任何事情都不順心，無論何時何地，只要和她在一起都會聽到她在喋喋不休的抱怨。但其實真正讓我們不開心的是我們自己，在你的身邊時時都有可讓你高興的事情發生，有些人卻往往就缺少發現快樂的眼睛。

嘮叨，是一個女人致命的弱點，不僅使你失去優雅的形象，甚至失去愛情、婚姻，幸福也將隨之而去。

女人的明智之舉是必須戰勝嘮叨。不要認為嘮叨才是女人的本性，不要忘了優雅的女人是不會嘮嘮叨叨的令人厭煩。

男人向來是討厭嘮叨的，工作了一天感到很疲憊，想趕快回家坐在沙發上喝杯茶，忘掉一天工作中的煩惱。

沒想到一回家，妻子就開始嘮叨了：「你總是空手回來，也不順便買點菜，就知道張口吃……」本來就心煩意亂的男人，回到家裡本想溫馨的家庭氣氛能驅散工作中的煩惱，沒想到妻子的一番嘮叨，不但沒驅散煩惱，反而情緒會更壞，結果自然是與妻子唇槍舌劍。溫馨的家庭氣氛就這樣被破壞了。

儘管事後可能會言歸於好，但是如果妻子總是這樣絮叨個沒完沒了，就會為幸福的婚姻增添上一層灰色的陰影。

現實生活中，愛借用絮絮叨叨來發洩自己不滿情緒的人簡直數不勝數。他們抱怨對方這也不是，那也不是。早上起得早，抱怨你影響了一家人的休息；早上起得遲，又責怪你太懶散、胸無大志。這樣的嘮叨聲從早晨起床開始，一直到熄燈歇息為止。

托爾斯泰（Leo Tolstoy）的夫人喜愛華麗，熱愛名聲和社會的讚譽，但這些虛浮的東西，對他卻毫無意義。她渴望金錢財富，但他認為財富和私人財產是罪惡的事。

多年以來，由於他堅持把著作的版權一毛錢也不要的送給別人，她就一直嘮叨著、責罵著和哭鬧著。當他不理會她的時候，她就歇斯底里起來，在地上打滾，拿著鴉片，發誓要自殺，威脅要跳井。

他們一生中的最後一次長談，是俄國歷史上最催人淚下的一個場景。那天晚上，這位年華已逝的婦人跪在托爾斯泰的面前，乞求他為她大聲讀出他在五十年前為她所寫的一段濃情蜜意的日記。讀著讀著，兩個人都哭了。剛結婚的時候，他們非常快樂；但過了四十八年以後，他看到她就受不了。現實的生活與他們早先擁有的羅曼蒂克之夢多麼的不同呀！

最後，當托爾斯泰八十二歲高齡時，他再也無法忍受家裡那種悲慘的情形了，於是在一個下著大雪的夜裡，他逃離了他的夫人。十一天以後，他因肺炎死在一處火車站裡。他臨死的要求是 —— 不許她來到他的身邊。

托爾斯泰夫人這才醒悟，可是太晚了。在她逝世之前，她向幾個女兒承認道：「是我害死了你們的父親。」女兒們沒有回答卻抱頭大哭。她們知道是她以不斷的埋怨，沒完沒了的批評和沒完沒了的嘮叨害死了父親，毀了曾經幸福快樂的婚姻生活。

第六章　幸福在淡淡的習慣裡：好習慣決定女人的一生

模稜兩可

對有些愛嘮叨的人，哪怕你再謹慎小心，即使這一天完美無缺，對方也會在雞蛋裡挑骨頭。若是你不小心授人以「柄」，這就可能成為永遠的話題，翻來覆去，讓你叫苦不迭。即使這樣，你還不能冷眼以對，更不能凜然相向，否則無異於火上澆油。

經常聽別人嘮叨的人，其精神所感受到的痛苦，比肉體上受到任何刑法更難以忍受。即使最初的非難和責備都是應當的，但若經常嘮叨責備和非難對方做錯的事情，不但無法讓對方改正錯誤，而且還會逼他更往錯裡走。所以，每個想要幸福的女人，最好能戰勝嘮叨這個致命的弱點。

其實，每個女性只要從以下兩個方面去努力，嘮叨便可以被戰勝。

首先，培養自己掌握動機與效果相統一的能力。嘮叨的效果往往適得其反，丈夫厭煩、子女叛逆，自己還生了一肚子氣。

其次，可以從交換位置的角度來培養自己戰勝嘮叨的能力。如果丈夫對妳嘮叨、子女對妳嘮叨、母親對妳嘮叨，妳是否會心情愉快呢？

嘮叨是可以戰勝的，適時的控制自己，妳就可以成為一個不失女人味的女人。

另外，輕易向別人訴苦也是一種嘮叨，也同樣需要戰勝。試想一個善於發牢騷，講怪話、怨天尤人、無病呻吟的女人，在婦女類型中肯定屬於嘮叨型的。

這一行為，最初還有人聽，可是過不了多久就沒有人想聽了。因為，沒有人對你的這些感興趣。家家都有本難念經，任何人都不會以聽你的訴苦為樂事。

在社會生活中，不愉快的事情每個人都會經歷。你總是憐憫自己，這

樣不僅會使人敬而遠之。而且連自己的表情也會不知不覺的變得難看。

諸如：嘴巴撅起、目光黯淡、愁眉不展和面容蒼老，等等。這些難看的表情怎麼也不會展現出優雅的氣質。

任何人都有失望、悲哀和痛苦的時候。在這種情況下，女人們能否繼續用快樂的表情來掩蓋內心的痛苦，決定著女人能否衝出「俗氣」這張無形的網。

對此，女人們唯有依靠自己的力量，從而使自己擺脫困境，並且保持樂觀的情緒，以此塑造優雅的人生。

抿嘴一笑，女人永恆的魅力武器

微笑，是一個人美麗心靈的外化，是善意、快樂和幸福的自然流露。

身為一個女人，臉上常常保持著微笑，是最動人的魅力武器。

微笑，會縮短人與人之間的距離；微笑，是通往心靈的捷徑。一個始終在微笑的女人，會深深的讓人陶醉。

能讓自己的臉上多一點微笑，是生活快樂的象徵。請多給別人一點善良的微笑吧！這是一種好習慣，是成大事女人的一種人格魅力！

讓我們來看一個故事。有一位老太太，她的生意做得非常好。其中一個很重要的原因是她善於微笑。有一次她談到自己的成功經驗如是說。

她說，在這個世界上我給別人一個什麼表情，別人就回報我一個什麼表情。我給對方一個怨恨的表情，對方就回報我一個怨恨的表情；我給對方一個善良的微笑，對方就回報我一個善良的微笑。

她繼續說，我的經驗就是，當你把一個微笑面對千百個人的時候，千百個人回報你的是千百個微笑，這樣，你的人生就成大事了。

第六章　幸福在淡淡的習慣裡：好習慣決定女人的一生

　　老人說得非常好。的確，微笑是上帝賜給人們的一種專利，是美麗生活中的一劑神祕配方，學會微笑，對一個人的生活會有許多益處。

　　首先，學會微笑對一個人至少有三個好處：

　　第一個好處，微笑自然而然調整了自己的身體。

　　微微一笑，全身放鬆，我們全身都會微笑。

　　請用你的胸口、胃部微笑，當你胃疼的時候，你讓胃部微笑一下，胃部放鬆，疼痛緩解。全身包括四肢都會微笑。微笑在生理上有放鬆、通暢的作用。

　　第二個好處，微笑在使生理放鬆的同時，還能使心理上得到放鬆。

　　人們求學時有學業壓力，長大以後要做很多事業，所面臨的壓力必然更大。在這方面，卡耐基為我們樹立了良好的榜樣，他在短短的幾年裡，寫了幾十部書，共一千多萬字；還拍了電視片，做文化宣傳。應該說他做的事比較多，但他並沒有感到特別累，更沒有生病，這得益於他的自我放鬆，用微笑的表情對待人生。

　　面帶微笑的第三個好處，就是前面那位老太太講的，一個人在日常生活中善於用微笑來對待周邊世界和周邊人物，她會得到更多的機會。

　　另外，一個人的微笑，比高貴的穿著更重要。笑容能照亮所有看到他（她）的人，像穿過烏雲的太陽，帶給人們溫暖。

　　曾有一個獲得遺產的紐約婦人，她參加一次宴會時急於留給每一個人良好的印象。她浪費了好多金錢在黑貂皮大衣、鑽石和珍珠上面。但是，她對自己的面孔，卻沒下什麼功夫。她的表情尖酸、自私。她並不懂得每一個男人所看重的是：一個女人面部表情，比她身上所穿的衣服更重要。

　　再次，微笑是一種令人愉悅的表情。每當別人面對你的這種表情時，他便會感到你的自信、友好；同時這種自信和友好也會感染他，使他油然

而生出自信和友好來，從而使他對你親切起來。

不過，對於微笑，要記住，我們需要的只是發自內心的真誠的微笑，不真誠的微笑騙不了任何人，相反，它只能使人感到討厭。而發自內心的、真誠的、溫暖的微笑，才能在生活中賣得好價錢。密西根大學的心理學家詹姆斯‧麥康奈爾（James Vernon McConnell）教授談到他對笑的看法時說，有笑容的人在管理、教導、推銷上較會有功效，更可以培養快樂的下一代。笑容比皺眉更能傳達你的心意。這就是在教學上要以鼓勵代替處罰的原因所在了。一個紐約大百貨公司的人事經理告訴他，他寧願雇用一名有可愛笑容而沒有念完中學的女孩，也不願雇用一個擺著撲克臉的哲學博士。

總之，你的笑容就是你好意的信使，你的笑容能照亮所有看到他（她）的人。對那些整天都緊皺眉頭、愁容滿面、視若無睹的人來說，你的笑容就像穿過烏雲的太陽；尤其對那些受到上司、客戶、老師、父母或子女的壓力的人，一個笑容能幫助他們樹立這樣一種信心，那就是：一切都是有希望的，世界是有歡樂的。

有意識的進食

越來越多的人認識到，吃不僅能夠解決饑餓問題，同可以吃出健康和美麗。這就要求你要有意識的進食。

有意識的進食包括兩方面：一是知道身體靠什麼維持健康，二是知道自己在吃什麼。

什麼是「知道自己在吃什麼」？

王琳是個充滿活力，熱愛生活的人。她很好吃，體重超標。有一次，

第六章　幸福在淡淡的習慣裡：好習慣決定女人的一生

朋友往一起吃晚飯，她全神貫注跟人聊天，連盤子都不看一眼她一邊大吃特吃，一邊不停的說話，興奮的一口氣把故事講完。這頓飯結束時，朋友發現她的盤子已經空了，就對她說：「別看你的餐盤，告訴我你剛才吃了些什麼。」王琳沒法回答！她一門心思的講話，吃的時候不知自己在吃什麼，吃完了就不記得了。這樣下去，食物怎麼能給她應有的營養呢？

所以吃東西首先要從眼睛開始。如果不肯花一些時間來真正用眼睛接受並欣賞盤中的食物，我們怎麼指望身體完全吸收食物中的養分呢？正確進食就是指知道自己在吃什麼，知道自己吃的食物對健康是否有益處。由此，我們與食物達成共識，和諧相處，我們還會進一步尊敬那成為了食物的生命。吃東西時，我們實際上是在轉化其他的生命來維持自己的生命。知道了這個，我們才會更加尊重食物。

有意義的進食還需要細嚼慢嚥，認真品嚐。每一口食物都應至少咀嚼二十五次，才能保證營養被充分搗碎。分解食物應在口腔完成，而不是在消化系統，只有這樣我們才真正吃進了東西，完全吸收了養料，同時還大大減輕了內部器官的壓力，簡化了消化過程，不僅如此，因為關鍵的養分被徹底吸收，所以我們還能通過這種方法控制體重。

細嚼慢嚥可以更好的刺激位於口鼻中的感受器官。這些感受器官能夠讓我們更好的體會食物的質地、溫度、香氣和味道，從而更充分享受食物所帶來的樂趣。此外，細嚼是消化的第一步，它能夠分解食物並有效的發揮唾液的作用，從而減輕了胃的負擔。

感受器官受到刺激後，會將所吃的食品性能反映到大腦中。如果你在此之前已經吃過幾次這種食物，大腦就會泛起這種食物對身體產生的積極效應。某些食品還會促使身體分泌不同的荷爾蒙，使人產生愉悅的感覺。而且，吃飽即不饑餓的狀態本身就是很舒適的感覺。

你可以在辦公室抽屜中備上幾個蘋果或幾根香蕉，它們熱量低，又含有豐富的水分幹¨纖維，能夠延長消化時間，讓你不會總感到饑餓。如果在飯前吃上一個的話，還可以以控制自己的食量，從而達到很好的纖體效果。

而無意識的進餐對人一點好處也沒有。它表現在，總在用不同的方法節食，或者跳過一頓飯不吃，要麼就是在電視前一手拿餅乾，一手拿洋芋片縱情大嚼等等。速食、垃圾食品、零食、餅乾什麼的，也許對付年輕時漫不經心的生活還行，但到中年後，我們的營養需求已經變了，如果一直這樣隨便亂吃，我們的儲備就會所剩無幾。不改掉壞習慣已經不行了。

有意識的進食是健康飲食的最好方式。經過思考，選擇健康的食物來善待身體就是尊重自己的生命。在保證營養的同時，也要時不時的也給自己一點自由：一片餅乾、一塊鬆餅、一塊好蛋糕。

▍不和黑夜搶時間

人的一生中有三分之一的時間是存床上度過的。有人利用這三分之一的時間充分放鬆、修養身體：有人利用這三分之一的時間輾轉反側、消耗健康。這就關係到一個實質性問題：怎樣睡一個好覺？

「睡一個好覺」的意義不僅在於找回失落的精力，更是挽救女人健康和美麗的大計。

其實睡眠足保健養生的重要一環，現代女性生活與工作的規律也表現在睡眠的質與量上。以下幾點尤為重要。

第六章　幸福在淡淡的習慣裡：好習慣決定女人的一生

（1）睡眠要定量

人均睡眠時問約七小時半，經常多睡或少睡都影響健康。在日常生活中常有這種感覺，睡眠不足，體倦乏力，茶飯不香，日久消瘦，甚至得病，這是人的肌體得不到充分休息，過度負荷的結果。

但是，如果睡眠太多則神志不清。頭昏目眩、反應遲鈍，久而久之肌體功能衰退，對健康同樣不利。國外學者認為，每天睡七到八小時的人壽命最長。

（2）睡眠要注意品質

過度疲勞、喜歡在睡前飽食、飲用濃茶或濃咖啡、過度吸煙，或睡眠無定時的人，睡眠品質往往很差或者難以入眠，日久形成失眠，神經衰弱，或者入睡後亂夢、亂魘擾身，難以達到真正休息的目的。因此，睡眠前應調節肌體、鬆弛中樞神經，避免過度興奮；同時，定時上床、起床，形成固定的條件反射，對保證睡眠品質也很重要。

沉沉的夜裡，四下寂靜，躺在鬆軟舒適的枕頭上，在美夢的陪伴下慢慢進入甜甜的夢鄉，是一種福氣。但並非人人都有福氣享受這般酣然入睡的樂趣。有相當一部分女性曾經或止在遭受失眠、睡眠呼吸暫停等睡眠障礙的困擾。夜間得不到充分休息的結果，除了精神恍惚、膚色黯淡之外，更是身體免疫系統的大忌。肥胖、高血壓和心情抑鬱等等問題也都與睡眠品質有關。

當曾經甜美的夢境遠離了我們，我們需要做點什麼米挽救睡眠呢？

所謂「知己知彼，百戰百勝」，很多睡眠障礙其實都是可以治癒的，現在，我們一起對睡眠障礙來個大搜捕，找出令我們美夢不再的罪魁禍首，看看你可以做些什麼，來挽救失去的睡眠。

　　失眠是最為常見的睡眠失調症狀，醫生指出大概有三分之一到二分之一的人在某段時間會經歷階段性失眠。而女性比男性患失眠的情況至少多一倍，這與女性特有的週期性荷爾蒙水準波動有關。

　　失眠的最大原因是壓力。另外，生活中最人的刺激莫過於家庭成員的離去，失去工作、婚姻危機等問題，這些打擊也會令最為嗜睡的人無法成眠。

　　還有一個睡眠障礙就是夜裡驚醒，早醒。這種情況往往是晚上睡覺時沒什麼問題，但在清晨三四點鐘會突然醒來，然後開始亢奮，再也無法入睡。除了壓力、沮喪以外，時差、作息不規律，過度飲酒等原因也會使人們存夜裡突然醒來。另外，女性在懷孕後或更年期時，身體的雌激素改變，也會出現夜裡驚醒、早醒的問題。

　　肌膚的新陳代謝通常存晚上十一點到半夜兩點左右進行，良好充足的睡眠，能讓肌膚受到完善的保養。皮膚的新陳代謝作用全於深夜一點至三點達到巔峰，因此若能於晚上十點左右就寢，各種生理作用就會達到最佳效果。

　　若是無法在每天晚上十點就寢，起碼也要盡量保持固定的就寢時問。生活如能維持一定的規律，身體自然而然也會產生規律性，而一旦建立起身體的規律性，皮膚原來所具有的再生能力便可以得到強化，如此便可以我們時時保有健康美麗的肌膚。

　　毋庸置疑，一個舒適的睡眠環境非常重要。你可以布置一個舒適的臥室，理想室溫在二十度左右，空氣流通。床的軟硬適度，枕頭高度以六到八釐米為宜，睡衣質地柔軟。另外，保持室內相對低的溫度。因為較低的室溫能讓身體進入準備睡眠的狀態，按時睡覺，按時起床，培養你的生物鐘週期，這樣你的大腦會保持二十四小時的迴圈週期。

第六章　幸福在淡淡的習慣裡：好習慣決定女人的一生

你也可以借助一些物理方式說明入睡：

洗個熱水澡，熱水會提高你的身體溫發，使你產生睏意。

如果你習慣通過閱讀來幫助入睡，就要挑選好的枕邊讀物 —— 那些輕鬆的，而不是刺激驚險的書籍。

入睡前的性愛遊戲也會帶來好的睡眠。通過做愛可以放鬆肌肉，而且徹底換個呐子。睡覺前四到六個小時裡不要攝入含咖啡因的飲料或食物（包括巧克力）。也不要在睡覺前兩個小時裡作運動訓練。運動使心跳頻率加快，血壓升高，只會使你興奮起來，睡姿與面部皮膚的保護也有密切的關係。最好的科學的睡眠姿勢 —— 仰臥，能使血氧充足，面色紅潤。仰臥時，兩手順身體自然放下，全身放鬆，這樣，對入睡也有裨益。

還有，別忘記睡覺之前，一定要徹底清潔臉部，夜間最好不要用任何化妝品。習慣佩戴隱彤眼鏡的女性朋友，一定要記住摘掉眼鏡再入睡，否則對眼睛的損害很大。

另外，我們體內的器官都是有不同的休息時間的。晚上九點至十一點為免疫系統（淋巴）的排毒時間，這段時間應該保持安靜或聽音樂。晚間十一點至凌晨一點是肝肌的排毒時間，必須在熟睡中才能順利進行。凌晨一點至三點是膽的排毒時間，也應在你熟睡時進行。凌晨三點至五點是肺的排毒時間。這也是為什麼咳嗽的人在這段時間咳得最厲害的原因，因為排毒動作已經進行到肺部。

為了保證身體排毒工程順利進行，晚上十一點前一定上床休息。否則的話，以身體健康為代價，從黑夜那裡搶來一點時間，實在是不值得的。

再忙，也要花些時間打理自己

現實生活，許多婦女，特別是職業婦女在出門前總是不忘花些時間讓自己「美容」一番，讓自己更麗亮一些、更嫵媚一些。這是一個值得提倡和推廣的好習慣。不管生活有多忙多累，每個女人都打心眼兒裡想看到最美的自己。真正的美麗會從內心最深處發出光芒。美麗是一生歲月沉澱的反映 —— 快樂、悲傷、愛情。美麗顯露於外之前早已開始於內。美麗隨處可見：激情洋溢之時，痛苦心碎之時，寧靜平和之時……女人的美麗是一筆豐厚的財富，我們不能讓這筆財富輕易溜走。

回想，當我們買下了新房子時，或者辛苦攢錢買下來的新車。乃至一雙想了好久的新鞋子，我們都會視它為珍寶，珍惜它、照料它、珍愛它。我們的家就是我們的城堡；我們的車擦了又擦，不讓它日晒雨淋；還有那雙鞋子，頭一回上腳。祈禱老天可千萬別下雨！那麼我們有什麼理由不對自己的身體容貌加以呵護？我們需要健康和經過悉心保養的身體，因為身體代表我們的身分。我們需要身體與他人接觸，四處活動，去愛和被愛。想想看，沒有珍貴的身體 —— 不論這身體胖瘦高矮 —— 我們能幹嘛？

為什麼不為它的形象和保養良好而感到自豪？

花時間打理自己，把最美的形象展示給他人。我們以美麗的內心世界為榮，只要自我欣賞，就會讓自己看起來更漂亮。

心灰意冷時我們更要打理自己。實際上，忽略外表就是心情沮喪的第一跡象。要是不看嘔自己，當然會想：「幹嘛費那份心！」可據醫生說，病人哪怕僅僅洗個頭，抹點口紅，心情都會立刻好轉，他們痊癒得會快一些，疼痛會輕一些，止痛藥都會吃得少一些。

生病時打理自己都有這麼積極的效果，日常生活中打理自己當然更能

長精神，哪怕化點點功夫，變得漂亮一點，感覺也會好得多。

向別人展示真我，收拾打扮，講究儀容，哪怕換一條樸素的牛仔褲，都給我們的生活增色不少。

感覺美麗，能給自己奮鬥的勇氣；感覺美麗，能給自己機會恢復自信。自我感覺良好，相信自己，我們就會積極投入生活，就會專注於眼前，不被破壞心情的種種煩惱所干擾。所以，再忙，也抽些時間「打理」一下自己吧。

和「拖拉」說再見

當你想做一件事時，是否自己對自己說：改天再說吧？如果有，這就是「拖拉」作風。對於婦女而言，「拖拉」作風也是不應該的。還有，你是不是經常把今天應該完成的事情推遲到明天或者更晚來完成呢？面對一堆未洗的碗盤，你對自己說：「今天太累了，明早再洗吧。」本應立刻給一位客戶回電話告訴他上次合作非常愉快，你告訴自己：「現在太忙了，下午再說吧！」

習慣拖拖拉拉的人，總是把今天應該完成的事情推遲到明天或者更晚來完成，在第一次做事拖拖拉拉後，拖拖拉拉就會像你的影子一樣，總是跟著你。雖然有時候你也會埋怨自己不應該這樣子，但是你最終會受不了拖拖拉拉的誘惑而養成拖拖拉拉的習慣。現在已經意識到自己拖拉的毛病了吧！不要急著為此感到沮喪吧，認識問題已經是解決問題最關鍵的一步了。看看下面為你介紹的方法，從今天開始，下定決心跟「拖拉」徹底一刀兩斷吧！

首先做了再說。

如果你有個電話應該打，可是你總是拖拖拉拉，而事實上你已經一拖再拖。

如果這時那句「現在就去做」從你的潛意識裡閃到意識裡：「現在打呀！」請你立刻就去打電話。

或者，你把鬧鐘定在早上六點，可是當鬧鐘響起時，你卻覺得睡意正濃，於是乾脆把鬧鈴關掉，倒頭再睡。如果這種情況繼續下去，你將來就會養成習慣。假使你的潛意識把「現在就去做」閃到意識裡，你就不得不立刻爬起來不睡了。為什麼？因為你要養成「現在就去做」的習慣。

所以，要記住：「現在」就是行動的時候。

如果下定決心立刻去做，往往會使你最熱望的夢想也能實現。

「現在就去做」可以影響你生活中的每一部分，它可以幫助你去做該做而不喜歡做的事；在遭遇令人厭煩的職責時，它可以教你不推拖延遲。但是它也能幫你去做你「想」做的事。它會幫你抓住寶貴的剎那，這個剎那一旦錯過，很可能永遠不會再碰到。

請你記牢這句話：「現在就去做，絕不拖延！」

學會交流，禮貌面對他人

與人打交道，免不了聽取對方的意見，然後表達自己的看法。在這種情況下，爭強好勝不是女性的本色，爭吵鬥毆更是女性的大忌。女人，永遠不要失去了「優雅」的得分。

（一）多一些傾聽

首先，我們要學會做一個好的聽眾。專心的聽別人講話，是我們所能給予別人的最大的讚美。上帝給我們兩隻耳朵一張嘴，就是叫我們少說多聽。

第六章　幸福在淡淡的習慣裡：好習慣決定女人的一生

專心傾注於對你說話的人，是非常重要的。再也沒有比這麼做更具恭維的效果了。

要善於傾聽不同意見。在工作和生活中，存在不同意見是很正常的。怕的是沒有不同意見，怕的是只有一種聲音，壓制不同意見，只能是死水一潭：充分傾聽不同意見，才能形成生動活潑的工作局面。

傾聽逆耳之言，人無完人，發自內心的提示與批評是一種關心和愛護，同時也是一種難得的幫助。一個人如果長期聽不到上級的逆耳之言，應該反省自己的工作能力：如果長期聽不到同級的逆耳之言。應該反省自己的人際關係：如果長期聽不到下級的逆耳之言，應該反省自己的工作作風。

傾聽是一種姿態，是一種與人為善、心平氣和、謙虛謹慎的姿態。有了這種姿態，就能做到海納百川、光明磊落、心底無私。

傾聽是收集和給予正確資訊的關鍵，它影響到過濾、篩選資訊的效果。在溝通中我們會因不良的傾聽態度、如漠不關心、不給予資訊回饋、不耐煩、經常性的打斷、表情呆滯等，給溝通造成障礙。當你渴望獲得更多的資訊或平息溝通中出現的衝突時，最好採用積極傾聽的態度。

如果你要知道如何使別人躲閃你，輕視你，背後笑你，這就是一個方法：絕不要聽人家講上三句話以上：不斷談論你自己；如果你知道別人談的是什麼，不要等他說完，就隨時插嘴。無聊者，就是這種人 —— 自以為了不起，自以為很重要。只談論自己，只想到自己的人，是個丟失成功的人，是個不可救藥的未受教育者。

聆聽不僅是聞其言，還得觀其行、察其色。許多人並不善於言詞，也有些人不願把話說得太白，寧願有所保留。因此光從語言，你是無法窺其真意的。這時候，就必須注意對方的神情、語氣，配合其說話內容，才能

真正領會到他的意思。因為，言語容易掩飾，但舉止神情難以隱藏。

　　真正的傾聽，是你對關心的人所付出的最大榮寵。它說：「你是個滿特別的人，我也很關心你，所以我願意毫不分心的聽你說。」今後，就請給某些人一點面子吧！以你的眼睛、以你的耳朵去聆聽他們的心聲，這是多快樂的一件事！只聽不說，當個純粹的聽話高手也不錯喲！

　　有人說，具有同情心的人朋友多；還有人說，態度和藹的人朋友多；更有人說，善於聆聽他人說話的人朋友多。不管怎麼說，朋友多，無非就是別人樂意和你接近，容易從你身上獲得同情、理解和諒解。朋友多，是建立在先作奉獻的基礎上的，如果你懶得把溫暖給予別人，你也就別奢望他人的光亮會反射到你的身上。

　　其實，默默的聆聽別人的訴說，不只是一種同情和理解，不只是一種單向的付出。每一個人的生活履歷，都是一部蘊藏豐富內容的教科書，都可供你閱讀和吸取有益的養分，人要反省自己，避開前進中的沼澤。所以，我們要善於去接近和喜歡別人，要學會聆聽別人的話，對你的同學和同道同伴同事同仁，對你的父母兄弟姐妹丈夫孩子戀人友人都要這樣。

　　在社交中不但要學會聆聽別人的話，而且還要學會「善於應答」。

　　「善於應答」不是從一開始就是很困難的技巧，而且是隨著時代的進步反而愈漸困難。這是因為生存競爭愈嚴格，自我意識就愈強：或多或少都會有想要屈服對方的想法，然而在社交的領域裡，必須同時有「說話者」與「聽眾」雙方同時存在，否則就無法取得平衡，現代人習慣於不停說話，一不說話就有失落感。所以，要做個「善於應答」的「聽眾」，是件很困難的事。

　　朋友關係必須建立在彼此共同的樂趣及關心的事上，彼此的話題也必須建立在這些共同的樂趣及關心的事上，如此一來，雙方都兼具了「說

第六章　幸福在淡淡的習慣裡：好習慣決定女人的一生

話者」與「聽眾」的身分，而且，沒有聽眾就不能構成一個完整的說話
形式。

　　常聽見有人被譽為「雄辯家」，卻很少有人被譽為「善於應答的好聽
眾」，然而，在親密而有效的朋友交往過程中，一定必須要有善於應答的
好聽眾，在談話的過程中，乍看之下似乎是南說話者主導，但實際上要讓
說話者暢所欲言就必須要兩個人一唱一和，應答者適時給予說話者善意的
回答來鼓勵說話者，說話者才能夠繼續說下去。

　　如果在聽取對方發表了長篇大論之後才開始說：「聽了你這一席話真
是受益良多，我們的想法真是太契合了。你的學識，經驗真是太豐富了，
令人佩服！」這話聽起來未免太獻媚了，若真是彼此契合，在漫長的談話
過程中卻不曾出過一點聲音，這豈不是自相矛盾嗎？真正激勵對方，是要
在最適當的時機給予對方回應，要讓說話者相信對方是由衷的贊同自己的
說法。但是，只要適時的附和對方的意見就夠了嗎？答案當然是否定的，
只是附和與沒有反應的效果是一樣的。

　　善於應答的聽者，還會配合適當的肢體語言來告訴對方「我正專心的
在聽」，有這樣的聽者。才能夠讓談話很順利的進行下去。因此，在偶爾
的附和聲中，適時的提出回饋對方問題的一句話，就足以促進談話的順利
進行，滔滔不絕的說個不停，倒不如簡單扼要的隻字片語來得簡潔有力，
只要耐心的傾聽，以眼神或臉上表情來告訴對方：「是的，我了解。」就
能夠讓對方更熱心的講下去。這就是個善於應答的聽者。

　　在與人交往中，要讓別人熱忱對自己表達想法，自己就先要做個善於
應答的聽者。

（二）遇尷尬和難堪時，保持沉默

與人交往，在遭遇尷尬或不利時保持沉默，也是一種有效的交際手段。

交際需要高談闊論，暢所欲言，以傳其情，達其意，抒其志，明其識，以起溝通、交流之效，從而協調、融洽與交際圈的關係。但多說多行並非一概有助交際，有時甚至對交際有害。此時交際者保持沉默，待機而動，恰能收到理想的交際效果。因此學會交際中的沉默術，是我們在交往中不可缺少的內容。

在交際的哪些情況下應採取沉默方式呢？

＊ **在專橫的人面前**：專橫的人最渴望別人尊重他的態度、認識、意見，以自己說了算為個性特徵，聽不進別人的見解，哪怕是高見，容不得別人出頭露面。對這樣的人，你說得再透徹、純粹、精彩，他也不買你的賬，甚至招致他的滿心厭煩，心懷嫉恨。在這樣的人面前，最好是保持沉默，任他聲嘶力竭，口沫飛揚，你低頭不語。你這種以柔克剛的方法，會讓他洩氣下來，冷靜起來，對方的無理驕橫之詞不僅無法兜售，你還可乘隙略陳己見，常有反客為主之效。

有些地位、身分較特殊的人，在他們的言談中表現的與其地位，身分相應的某些專橫味道，對他們保持積極的沉默也是必要的。如上級意見、長輩訓話等。戀人之間，女孩子常有無理取鬧之舉，對她的「強詞奪理」一類保持沉默，也是現實的態度。

＊ **在別人激憤時**：有些人發表意見，闡述見解時情緒激昂，言辭激烈。這有兩種情形：一是他的談話確實真知灼見，頗似煌煌大論；二是他的談話其實偏激謬誤頗多，並無過人之處。但不管哪種情形，在他激

慣時肯定有一言抵三軍的良好感覺，此時你要發表意見，他肯定會充耳不聞，或者言語相加，竭力辯駁。你是陋見誤識自不待言，你是明見良識，他也決難理會，此時你自當沉默，待他熄火平靜下來，盡可與他心平氣和推心置腹的交換意見，商討定奪。

＊ **在有理說不清時**：有時我們有這樣的苦惱，有理但說不清。有理當然急於表白、陳明，以讓真相公諸於眾以維護正義，主持公道，讓自己得到認可，避免自己為人誤解，也讓自己免受壓抑，保持自己心情舒暢，但你面對的恰是些不明事理的人，或有意不買你賬的人，這時你說得再多再透，要麼是對牛彈琴，要麼讓對方愈加得意。如果你乾脆沉默不語，反有震動之效：不明事理的人會有所省悟，不買你帳的人，不再敢輕視你。有兩位大學同學，畢業時相約要在未來工作中搞出名堂，爭個高低。幾年後兩人均取得令人振奮的成績，但甲遭嫉妒受壓抑，乙則受到肯定，得以重用。兩人聚在一起敘情談心時，甲頗有感慨，說自己儘管據理力爭，卻毫無效果，反讓不明實情的人覺得自己狂妄，讓明實情的人更加沉默。「多些沉默吧。」乙說，「別人不會把你當傻瓜對待。這樣不僅顯示了你的修養，還會讓對方產生負疚感。如此，也會逐漸把你應得到的送給你。」乙的話可算道中了實質，也是他的經驗之談，您或許會從中有所啟迪。

＊ **在陷入意見孤立時**：當一個人經過深思熟慮後，形成了自己的意見，總希望把它傳達出去，讓別人了解它、接受它，但一個群體中各人意見不同，可謂異彩紛呈，你的意見未必能為大多數接受，若是大多數人歡迎的，那麼你可以盡情發揮，完全有這個條件和環境。若你的意見與大多數人的意見相抵觸，正確也好，錯誤也好，深刻也好，膚淺

也好，你都會遭到大家的反對和排斥，你再堅持說下去已毫無意義。此時你不如沉默不語。你的意見充滿謬誤，頗為膚淺，本無需多說；你的意見是真知灼見。說了也沒用，待時過境遷，真理自然明朗，你的意見遲早會被人認識和接受。

因此，交際中的沉默也是一種藝術，藝術是要求分寸和火候的，不可濫用無度，例如黑格爾所言：「一切人世間的事物，皆有一定的尺度，超越這尺度，就會招致沉淪和毀滅。」所以如何把握好交際中的沉默也是大有講究的。首先，要切合交際需要，沉默表面上是消極的交際行為，其實是以退為進的積極的交際行為。沉默不是逃避、忍讓，而是一種策略，目的在於更有效促進交際。其次要把握好沉默的時機。什麼時候該沉默，什麼時候不該沉默，這是很有講究的。沉默適時恰當，就會產生交際效果，否則無法產生應有效果。比如在意見孤立時，你可先陳說後沉默，在別人激憤時你最好一句別說，免得對方就此發揮沒完沒了。第三要注意把握沉默的時間。積極的沉默不是永久性的，只是暫時性的。根據交際的需要，它會見好就收，該長則長，該短則短。第四要與發言舉措等積極的交際行為結合起來。沉默從某種意義上說，應是一種準備和醞釀，是等待時機之舉。應把它理解為一種手段，真正目的還是為了把你的所想發表出來實施出來。如果你的認識和意見有某些疏失和不足，也可得到一個檢測、反省的機會，從而補充、完善、修正。

▌對他人保持善意

女人為人處世，最重要的是要贏得一個好人緣。到處樹敵，是女性的大忌、在人際交往中，女人永遠要充當「親善大使」角色。在親和力的感召下，女性的美麗和氣質將更加迷人。

（一）把別人放在心上

每個人部覺得自己很重要。或者說，每個人都希望被別人認為很重要。如果他方感覺到他在你心目中很重要，他一定會對你產生好感 —— 沒有人會討厭一個喜歡自己、尊重自己的人。

有些人自視甚高，他們覺得自己很重要，卻忘了別人也需要這種感覺。他們在不經意間流露出對別人的輕視，於是受到大家的疏遠。只有使別人產生重要的感覺，你才會受到他們的歡迎。

如何使對方產生重要的感覺呢？禮貌上的尊重是毫無疑問的，關鍵是你要把他放在心上，同時還可以採用一些讓人產生好感的方法，比如：

* **關心對方關心的事**：他關心自己的利益、健康、家人，你只要對這些表現出足夠的關心，他就會把你當成自己人。

* **欣賞對方欣賞的事**：他欣賞自己的成就、能力、風度，你只要對這些表現你真誠的欣賞，他一定也會欣賞你，把你當成難得的知音。

* **請教對方擅長的事**：自己不懂的問題、不清楚的事情，不妨向對方求教，既可增長見識，又能得到對方好感，何樂而不為呢？

你以怎樣的態度對待別人，別人也會以怎樣的態度對待你。

你輕視一個人，你就不會把他放在心上，對他的一切都漠不關心。你亟視一個人，你就會關心他的感受，關心他所處的狀況。當他感受到你的

輕視或重視後，也會報以同樣的態度。當你想改善和鞏固跟某個人的關係時，把他放在心上，無疑是一條捷徑。

美國前國務卿歐布萊特（Madeleine Albright）十多年前是 BON 電影公司的公關部經理。她面臨著巨大的職業挑戰，同時義必須面對許多現實的東西，人際關係的處理、家庭生活的和諧等，但她巧妙使這些煩瑣的事情順暢起來。

比如，她的下屬總會在某一個繁忙的下午突然收到一張上面寫著諸如「你辛苦啦」、「你幹得非常出色」之類的小卡片，或一張精緻典雅的卡片。而在她丈夫生日的那一天，她總會努力舉辦一個家庭小舞會，而且是一個人事先布置好，就這樣，在繁忙工作的間隙，她並沒有花太多的時間，卻給他人送去了一份又一份快樂。

她對這一做法，饒有興趣解釋說：「大家的節奏都那麼快，大部分人都忘了一些最基本的問候，都認為這些是無足輕重的小細節。其實正是這些細小的方面使人與人之間的情感變得不那麼緊張，那我就想：為什麼我不能做得更好些呢？」

她又說：「一份小小的問候就能體現出一個人的真摯和誠意，使他人感到人與人之間渴望溝通和交流，而這些細小的方面是最能體現出你的那一份心意的。這是對我個人形象、風度的一個最佳傳播，當他們看到那張卡片的時候，就一定會想起我，而且在她們心中隱含著對我的那一份謝意，會使他們更認為我是一個完美無缺的人，他們總會想到我好的地方，不會注意我的缺陷。」

顯然，奧爾布賴特的這一番言論有許多值得我們借鑑的地方，人與人的關係不一定非要在大事中才能體現出來。在日常生活的瑣碎事情之中更能體現你的友善。

第六章　幸福在淡淡的習慣裡：好習慣決定女人的一生

既懂得工作的重要，也深信生活的樂趣，隨時把心中最真誠的愉悅帶給大家，這正是處理人際關係的要訣。

（二）雪中送炭最動人心

你想獲得別人的好感，成為一個到處受歡迎的人，有一個簡單的辦法：讓他人從雙方的交往中受益。此外，還有一個更有效的辦法：雪中送炭。

俗話說：「不惜錢者有人愛，不惜力者有人敬。」讓他人受益，能讓人喜歡，但是，雪中送炭卻能給人留下更深的印象，能讓你獲得忠誠和情義。

「汽車界的經營奇才」艾柯卡（Lido Anthony Iacocca）曾說：「所謂經營，無非是一種人際關係的網路而已。」

其實，不管是經營事業，經營人生，都不過是一種人際關係的網路。你把人際關係搞得好，到處有人相助，自然成功。大凡成功人士，都善於放「人情債」，到處播撒人情的種子，這是他們人際關係暢通、事業有成的一個重要因素。

烏井信治郎是日本桑得利公司的董事長，深受部下愛戴，員工都稱呼他「父親」，因為他對部下的關懷確實有如慈父般溫暖。員工有困難，烏井總是盡心盡力關懷幫助，真像父親對待自己的兒女一樣。

有一次，新職員作田的父親不幸去世。他不想讓同事知道他家有喪事，以免麻煩人家。但在出殯當天，烏井率領桑得利的全體員工到殯儀館幫忙。他還像死者的親屬一樣，站在簽到處，對前來祭拜的人一一磕頭答禮。

喪禮結束後，烏井對作田說：「沒有車子，你和伯母如何回家呢？」說完，立刻跑去叫了一輛計程車，親自送作田和他的母親回家。

後來，作田當上主管後，常對部下提起此事，並說：「從那時起，我就下定決心，為了老闆，即使犧牲性命也在所不惜！」

世界上任何重要的事情，都是人的事情，只要把人打理好了，則無事不可成。你種下人情，將收穫成倍的人情。而雪中送炭顯然是一顆人情的良種，必將使你收穫人情的碩果。

（三）與人為善

有一位牧師正在考慮第二天如何布道，卻總也想不出一個好的講題，很著急。而他六歲的兒子總是隔一會兒就來敲一次門，要這要那，弄得他心煩意亂。

為了安撫他的兒子，不讓他來搗亂，情急之下，他把一本雜誌內的世界地圖夾頁撕碎，遞給兒子說：「來，我們做一個有趣的遊戲。你回房子裡去，把這張世界地圖拼好還原，我就給你一美元。」

兒子出去後，他把門關上，得意自言自語：「哈哈，這下終於可以清靜了。」

誰知沒過幾分鐘，兒子又來敲門，並說地圖已經拼好。他有點詫異，也有點不太相信，就跟著兒子一起來到了兒子的房間。果然，那張撕碎的世界地圖完完整整的擺在地板上。

「怎麼會這麼快？」他吃驚的看著兒子，不解的問。

「是這樣的」兒子說，「世界地圖的背面有一個人頭像，人對了，世界自然就對了。」

牧師愛撫著小兒子的頭若有所悟的說：

「說得好啊，人對了，世界就對了。我已經找到了明天布道的題目了。」

很多人朋友不多，敵人卻不少，他們經常因為人際關係不暢而焦頭爛額，也常常抱怨這個社會太過複雜，覺得世事艱險、人心難測。但實際

第六章　幸福在淡淡的習慣裡：好習慣決定女人的一生

上，這些人之所以難以有所成就，之所以覺得事事難遂己願，不是世界不對，而是他們自己有問題。自己都不對，世界怎麼可能對呢？

怎麼算對呢？一句話：與人為善。

世界是互動的，作用力等於反作用力。你施予友善，你將得到友善。如果你不擔心別人從你身上得到好處，你得到的好處可能更多。

兩個釣魚高手一起到魚池垂釣。這兩人各憑本事，一展身手，隔不了多久的工夫，皆大有收穫。忽然間，魚池附近來了十多名遊客。看到這兩位高手輕輕鬆鬆就把魚釣上來，不免感到幾分羨慕，於是都到附近去買了一些釣竿來試試自己的運氣如何。沒想到，這些不擅此道的遊客，怎麼釣也是毫無成果。

話說那兩位釣魚高手，兩個個性根本不同。其中一人孤僻而不愛搭理別人，單享獨釣之樂；而另一位高手，卻是個熱心、豪放、愛交朋友的人。愛交朋友的這位高手，看到遊客釣不到魚，就說：「這樣吧！我來教你們釣魚，如果你們學會了我傳授的訣竅，而釣到一大堆魚時，每十尾就分給我一尾。不滿十尾就不必給我。」雙方一拍即合，欣表同意。教完這一群人，他又到另一群人中，同樣也傳授釣魚術，依然要求每釣魚十尾回饋給他一尾。一天下來，這位熱心助人的釣魚高手，把所有時間都用於指導垂釣者，獲得的竟是滿滿一大簍魚，還認識了一大群新朋友，同時，左一聲「老師」，右一聲「老師」，備受尊崇。另一方面，同來的另一位釣魚高手，卻沒享受到這種服務他人的樂趣。當大家圍繞著同伴學釣魚時，那人更顯得孤單落寞。悶釣一整天，檢視竹簍裡的魚，收穫也遠沒有同伴的多。

當你幫助別人獲得成功 —— 釣到大魚之後，自然也在助人為樂之餘而得到豐富的回饋。

從小事做起，培養愛情好習慣

當你和心愛的男人從相戀到結合，隨之而來的是漫長一生的融合。日子顯然是平淡的，但愛情之火也能越擦越旺，就看你是否掌握一些技巧，培養一些愛情好習慣。

令人羨慕的美滿情侶從來不需要祈求上帝保佑他們的愛情。培養良好的愛情習慣，你也可以勝任上帝的角色，不費吹灰之力讓你們的關係固若金湯。

設想你走在下班的路上，行人匆匆擦肩而過，你突然看到一對洋溢幸福氣息的戀人走過來，兩個人的手緊緊握在一起，空氣中都散布著他們的甜蜜和美好。這種心靈相通的美滿關係，所有的情侶都可以達到。沒有任何一對情侶默默契和深切的愛情是與生俱來，他們必然在兩人之間搭建了某種橋梁，達成了一種共識。下面歸納在男女相處中可以達到默契的十種愛情習慣，供你參考。

（一）鼓勵和讚美最重要

隨著兩個人的關係固定下來，最初的溫度略微下降之後，儘管兩個人仍舊十分傾心於對方，但是已經不會再大聲說出讚美和鼓勵的話。如果缺乏真心的讚美和鼓勵，那麼最初的讚美給彼此帶來的美妙感受和感激之情就會大大降低，直接導致的結果就是兩人的感情聯繫變得薄弱。

因此，必須多多鼓勵對方，把他當做一個值得讚賞的東西，告訴他你對他身上的某一個特點非常著迷，尤其是男性引以為豪的方面，比如他良好的社交能力，不為人知的小癖好，甚至是他健美的身體。

(二) 想要說什麼你就說

娜娜最痛恨丈夫在入睡前不摟摟抱抱自己就直接睡覺。每當他忘記的時候，她就會氣惱，不好好睡覺，甚至裝病哭鬧。而她莫名其妙的丈夫只會不斷問她：你到底哪裡不舒服？

相信這樣的戲劇場面你並不陌生。很多女人都跟娜娜一樣，希望丈夫或者男朋友是一個超感知能力者，不需說明就可以作出她們喜歡的浪漫舉動。但是，世界上有這種感知能力的人真的是鳳毛麟角，他們不能存你的心中裝上竊聽器，隨時破譯你的心聲，你的表現只會讓他們哭笑不得。

良好的情侶關係中，這種猜心遊戲是應堅決摒棄不用的。最穩固深切的愛情需要以沒有障礙的溝通作為基礎。需要什麼、苦惱什麼、希望對方說些什麼，都是直接說出來的為好。你一言不發的自己生悶氣會讓對方無所適從，因而容易引發矛盾和衝突。

(三) 無傷大雅的癖好可以無視

夫妻或抒情侶長期生活存一起後，屬於個人的習慣癖好都會展現在彼此面前，無論他多麼讓你心神蕩漾，共同生活才是考驗你的耐心和包容性的一個開端。他可能每天早上都一邊吹口哨一邊打領帶準備上班，也可能永遠把用過的浴巾扔在地板上。無論是多麼奇怪的小癖好，明智的女人都應該選擇通通無視。你很快會發現在這些小事情的睜一隻眼閉一隻眼對你們的關係絕對是利大於弊。既然已經是多年形成的習慣，那麼絕對沒有必要在這種事情上浪費時間大動干戈，不要因小失大。

(四) 親密不應該流於形式

在愛情中，表達彼此愛意的最初都是從親吻開始的。應該注意的每一個吻，每次接吻的時候都要真誠而溫柔，永遠像你們第一次親吻的時候一

樣懷有激動和喜悅的心情。吻是一種很奇妙的行為。它可以很好的表達出一種「我對你愛不釋手」的情懷，對方完全感覺你深深的被他吸引，同時他的愛也是你所渴望的。

另外，增進感情的方法並不只限於親吻。兩個人在一起的時候應該多用撫摸或其他的身體接觸來表達感情。有的情侶習慣在任何時候都手牽著手，即使在兩個人睡著了以後也不分開，這是一個值得借鑑的習慣，可以讓你們之間的默契和溫情保持在一個細水長流的穩定水準。

（五）每天至少聯繫一次

如果每天下午你都會收到伴侶的一個短信，你會不會感覺很幸福？也許你們晚上會見面，但是無論如何他都會保持這個習慣，哪怕只是寥寥的幾個字。這個短信成了你們之間感情的紐帶，讓你知道他百忙之中心裡還惦記著你。還有什麼比這更讓你感動的呢？在關係牢固的戀人中間，這種做法非常普遍，他們不會讓彼此失去聯繫，哪怕是一天也不行。

現代社會生活節奏緊張，工作壓力繁重，很有可能兩個人接連幾天都不能見面，無論是電話簡訊、電子郵件還是枕邊的一個小小的字條，無非是想表達：儘管我們不能見面，但我們的心永遠在一起。

（六）快樂可以自己創造

經常穿梭於各種聚會或派對的情侶往往不被人們看好，真正有潛力天長地久的是那些習慣二人世界的情侶們，他們不需要在人情關係網中尋找安全感，在兩個人的世界裡，他們一樣自得其樂。真正快樂的伴侶珍惜兩個人相對的每一個平凡時刻，他們在一起就很好，不需要其他人來打擾，不依靠任何活動和遊戲就能滿足。

真的可以做到嗎？可能你不相信，一對有默契的情侶可以幾個小時

坐在沙發上各看各的書，或者聊他們的白日夢，甚至就是坐在一起沉默思考，並不需要製造話題，也不需要什麼背景音樂，因為對他們來說，能在彼此的身邊相伴就已經足夠了。

（七）大膽追求激情

一成不變的日子讓人乏味，性愛更是如此。積極的伴侶不會忽視這個問題。美滿的性愛特別有助於促進感情，兩個人都有義務開發新的情趣，讓兩個人的激情永不消退。

經常變換花樣會讓彼此之間獲得更大的歡悅，同時彼此更了解對方的需要，讓兩個人真正達到身心合一。在這方面兩個人的交流更加重要，應該放下羞怯的心理，坦誠積極的追求美妙新鮮的感覺，這樣才能幫助愛情歷久彌新。

（八）愛情也需要檢查進度

並不是要求兩個人每週開一個例會，討論最近愛情方面的投入支出等等是不是按時按量完成了；也不是說，當不安全感或者摩擦產生的時候就要展開批評和自我批評。兩個人對感情能夠開誠布公討論並把握進度是很有必要的。經常總結你們的表現和內心的想法可能幫助你們找出愛情路途上的小小不平並隨手解決掉，這是很多親密伴侶經常採用的方法，值得學習。

（九）永遠彼此尊重

如果想知道一對情侶是感情深厚還是感情已經亮起了紅燈，只要觀察一下他們談話時候的表情和語氣就可以看出端倪。如果他們之中的任何一個動不動就給對方白眼，冷笑或者出語諷刺，那麼可以宣告他們之間不太

可能長久下去了。如果一個人對另一個人總是居高臨下，說明他們之間缺乏最基本的尊重，這是每一對伴侶都應該盡量克服的壞習慣。

儘管很多時候你需要很大的力量克制自己不發表意見，但是一個好戀人不應該對伴侶表示出輕蔑或諷刺。有的時候你的伴侶確實表現得愚蠢，那麼不妨換一個立場考慮。如果你受到對方的搶白或嘲笑，你必然感覺受到了傷害，這種力量作用到對方身上他受到的打擊是相同的。應該學會克制，保留對方的自尊對你們的關係很重要。

（十）沒有必要完全透明

誠實是兩個人相處中最應該遵守的品性，但是這並不代表在所有的事情上你都需要表現得過於真實，因為很多時候真話並不是那麼美好，很可能會對你的伴侶造成傷害。舉一個例子，巍巍的男友讓她給他的身材打分，按照一到十分的標準，巍巍直言不諱的說可以打七分。儘管她不是故意的，但是她的男友很有失望感，這就是讓人難以接受的真話的最大害處。

怎麼樣才能把握好真實和善意的不真之間的尺度呢？什麼時候該說真話，什麼時候應該輕描淡寫，最有效的辦法就是在開口說話之前，先設想一下如果換成你來提問，你會希望他說出什麼樣的答案。如果你打算說出的回答一樣，你會感覺高興還是受到打擊？如果是後者，那很明顯你絕對不可以按照這種方式回答。

另外要注意的一點就是不要對伴侶不想說的事情刨根問底，可能不這樣做你會感覺不甘心，但別忘記了，他不想說的原因是他也知道真話不一定完全是美好的。

不和已婚男人過度交往

　　職業女性對已婚男人必須保持距離，不要因他的社會位高而出賣自己，與已婚男人糾纏引發的困擾，是職場中的你必須避免的。

　　女性在社會上打天下，要多用慧眼觀察周圍：有無類似我前面講過的這種人？你的工作情況如何？你找到的目標可靠否？如果你找到的人，不能做個公事與私事長期混合在一起的朋友，你就要考慮到浪漫史告一段落時的後果問題。要處理得對你們二人都無傷害，而且也無損於公司的聲譽。

　　女性切忌與已婚男性勾搭，如果與這類男性糾纏在一起，很危險！其理由如下：

＊　這類男性都不可能離開太太而與情人結婚。

＊　這類男性與你在外面進行祕密活動時，多半都是顧慮重重，並內心有負罪感。

＊　這些已婚男性在過耶誕節或過新年時，不能整夜守著你，也不可能與你夜遊到天明，更不能帶你在公開場合露面。

＊　這類男性通常都是牢騷滿腹，常常抱怨他的太太不理解他，床上不夠溫情，愛花錢等，你還要耐心傾聽才行。為了防止已婚男性（特別是同公司的已婚男性）的糾纏，你最好找個第三者加入。他怕別人發現他的祕密並傳到他的太太耳中，或是傳到他的上司耳中，因此第三者很有用。如果在一家較為保守的公司裡，他更怕同事們說他卑鄙下流。假如你是小職員而對方是個主管，他就更害怕別人知道你們之間的關係。當這類男性一旦發現你在利用他時，對你就不屑一顧了，更不會給你什麼特權；假如你是主管，他是小職員，他的動機既可怕又可疑。

　　與已婚男性交往時，最可怕的是遇到他的太太。萬一在某種地方碰上了他的太太，那將會是一種什麼樣的情景呢？他的太太能容忍丈夫和別的女性勾搭在一起嗎？如果真的相遇，他會不理他的太太嗎？一位未婚女性在社交場合，能容忍她所愛的男性拋下她而去陪伴他的太太嗎？不可能容忍，絕對不可能容忍！

　　一位職業婦女打天下時，最危險的障礙物是已婚男性。他們會像在事業上一樣，善於利用職權與手段向女性調情。他們由於在事業奮鬥的過程中，吃過苦，耐過勞，為了尋求一些補償，往往會逢場作戲或是及時行樂，乘機放肆一番。也有一些已婚男性，南於自己賺了很多錢，無形中就增加了他們尋找女性的力量和思想。

　　一位主管如果讓一個女職員留下來加班加點，並要求她做些主管高興的事情，這是無可挑剔的。他回家晚了些，也有正當藉口。對於女性來說，這些男性是最有魅力的。有一位沒有多大事業心的女孩，認為能結交上這樣有身分又有錢的男性，是很得意的事。但我卻認為這是很危險的事，千萬別頭腦發脹！

　　這類事情顯然是對女性極為有害的。因為與已婚男性結交，會發生許多爭執和困擾。他們都是些撒謊大王，當你與他攤牌時，就是要求與他結婚時，他們會找種種藉口來打退堂鼓。

　　這個傢伙並不否認自己已經結婚，但他說他的婚姻不美滿。他還說他二人有一條協議，就是誰找到合適的對象，即可辦理離婚。他會說你是他最理想的伴侶，會說認識你生活才有意義，會說你對他事業一定會有很大幫助，會說他如何尊敬職業婦女，會說他以後的事業完全按你的建議來辦，等等。

　　對於這種人的花言巧語，你應早有準備，早有對策，千萬不能被他迷惑，不能被他收買。

▎婚後愛情不熄火

人們習慣把婚姻比喻成進得來出不去的「圍城」。這話浸透著經歷過婚姻的過來者的些許無奈。沒有結婚的人，都想要儘快用這座「圍城」來保衛自己的愛情，使自己的愛情開花結果，

但是，一旦進入婚姻，又漸漸有了想要逃離這座「圍城」的感覺。沒有經歷過的人，是沒辦法體會的。

之所以如此，源於對愛情感悟的變化。婚前，愛情就像飄浮在空中的熱氣球，男男女女身在其中，飄飄欲仙，感覺到前所未有的暢快；婚後，愛情就像已墜落面的熱氣球，不僅行動遲緩，而且磕磕絆絆，讓人只想趁早從裡面出來。

於是就有了「婚姻是愛情的墳墓」這個說法。而說這種話的人，又常常以女性居多。不少女性談起她們婚後的生活，總覺得，丈夫對她的愛不像戀愛時那樣熱烈了，婚前那種相互依戀的感情也淡漠了。兩人除了上班以外，回家就是孩子、家務、看電視，生活枯燥無味。愛情，早不知道是哪一年的往事了。

怎樣看待婚前婚後的愛情問題呢？有人大概總結了一下：「那簡單，婚前衡量愛情的指標是（一方）雙方所作的承諾，婚後衡量愛情的指標就是（一方）雙方如何兌現自己的承諾。」多麼精闢的概括呀！如果你覺得丈夫對你的愛情淡漠了，你不妨用這裡所說的指標去衡量一下丈夫對你的愛，你可能會有不一樣的答案。

你會發現，婚前婚後的愛情存在表達方式的差異。婚前，戀愛雙方之間的愛情是與世隔絕的，如前所述，猶如用熱氣球將兩人與外界阻隔起來，儘管山盟海誓，儘管甜言蜜語，反正那都是他們兩人的事，至於實現

與否，得留到將來再說。然而，熱氣球不可能總是飄浮在空中，否則，先不說熱氣球不可能永久持續自己的旅程，就是裡面的人也得餓死，所以，熱氣球總是要降落到面的，就像戀愛談久了，就必然要結婚一樣。結婚，意味著雙方的山盟海誓實現了第一步。接下來，還要努力讓剩下的一個個盟約變成現實。對於男人來說，這個過程可能要終其一生，哪還有心思繼續背婚前那些無聊的甜言蜜語呀。有句話說得好：「婚姻的基本訴求是不離不棄。」如果已經厭煩了，不愛了，就會選擇離開、選擇放棄，既然沒有離開、放棄，那就說明還愛著。而且，極可能的是，他正在為實現婚前對你的每一個承諾而努力呢，你還在這邊糾糾纏纏，非要讓他說「我愛你」──好像有點不夠意思哦。

你會發現，婚前婚後的愛情存在施與受的易位。婚前，拼命追求的多是男人，不斷重複甜言蜜語的也多是男人，作出各種充滿誘惑力的承諾的同樣多是男人，更為值得注意的是，主動的時刻關心對方的竟然也多是男人。鑑於婚前表達愛情的方式有限，所以，我們可以將男人看做婚前施與愛的一方。婚後，男人對愛的付出逐漸單一化，即為家庭創造良好的生活條件，至於其他的，他們毫不「吝嗇」的完全丟給了女人──自己的老婆。於是，女人漸漸的轉變成了施與愛的一方。不僅要照顧男人的飲食起居，還要像照顧孩子一樣，在男人遭遇挫折、心情鬱悶時，給予及時的撫慰和鼓勵，不然，等他將來成功了，歷數你的罪狀，說你不是他「愛的港灣」，說他的「勳章」沒有你的份兒，你可就有理也說不清了。綜觀古今中外，時代在變，但這種婚前婚後施與受的易位好像卻從來沒變過，看來是性別的差異使然。我們還有什麼好說的？

看來，只要沒有出現第三者，只要沒有離婚，你和丈夫的愛情就沒有也不可能真正熄火。只不過，婚前和婚後，你對丈夫的愛應該有完全不同

的解讀方式。如果你有幸嫁給了一位在外面叱吒風雲，在家中深情款款的男人，那是你的福氣，你就盡情享受他給你帶來的幸福好了；如果你嫁給了一位喜歡用實實在在的行動為你創造幸福的男人，那你不妨適應他，用心感受他藏在行動背後的真情；如果你不幸嫁給了一位只懂風花雪月、不操心家庭事業的男人，那你就真的有苦受了……

第七章
抓住男人心：幸福女人必備的心
理操縱術

▎關心他的需要

男人天生骨子裡就有一股孩子氣，心理學上稱其為「戀母情結」。戀母情結是男孩成長為男人的必經階段，心理成熟的人會成功從戀母情結中分離出來，這個情結會過渡到其他女人身上，這個人就是妻子。

大多數男人在女人那裡至少有兩種身分，那就是丈夫和兒子的身分，而這兩種身分總是在不斷轉換。往往這些男人總是會要求女人像母親那樣照顧他，對他包容，當這點無法滿足的時候，夫妻關係就容易發生問題。

（一）男人的第二個母親

當兩個人走入婚姻殿堂的時候，男人被稱作新郎，稱女人為新娘，這是有一些說法的。其實，「郎」在古語裡是小孩子、兒子的意思，「娘」就是母親。女人在成為一個男人的新娘的同時，也就意味著她將成為這個男人的第二個「母親」。

在現代人的感情世界裡，男人更需要一個像母親一樣的女人。生活壓力大，社交壓力大，人際關係複雜，讓許多男人根本沒有時間也沒有心情去哄那些小女生開心，他們更需要的是一個可以體貼自己、走入自己心靈的女人。

當男人工作了一天回到家裡，一定希望聽到你溫柔的話語，是妻子關心的問候，而不是小女生的抱怨，諸如：「你今天去哪了，怎麼這麼晚才回來？」或「我真倒楣，怎麼嫁給你了，每天伺候你，連出去逛街的時間都沒有。」記住，千萬不要說類似於這樣的話，不要以為你的嘮叨會讓他內疚。你卻不知道，此時的他根本什麼都聽不進去，久而久之他還會對你厭煩，覺得你根本不夠關心他，也不懂得理解他的處境，那你很可能會把他推向別人

的懷抱，到時候丈夫徹夜不歸去知己那裡找關愛，後悔就為時已晚了。

所以，一個真正懂得愛情的女人，當她做妻子的時候，會在不同的時候扮演著情人、母親、姐姐、妹妹、女兒等多個角色。當丈夫需要妻子像母親一樣關心他時，她就扮演母親；當丈夫需要妻子像姐姐一樣和他說心裡話時，她就扮演姐姐：當丈夫需要妻子像小妹妹一樣依賴他，以顯示他男子漢的魅力時，她就扮演乖巧的小妹妹；當丈夫需要浪漫的時候，她就是一個風情萬種的情人。

男人大多數時候都像個孩子，有時候他們比女人更脆弱，但是又不得不做出一副成熟的樣子給予這個家庭最堅強的保護。男人不像女人，難過的時候可以肆意的流淚，男人的淚都流在心裡。當他們的壓力無處釋放時，敞開你母愛的胸懷，讓這個男人在你溫柔的港灣裡安心休息，放心的睡去。你及時給予對方最真誠的指點、最及時的幫助和最體貼的關懷，那樣你的婚姻生活將被你經營得溫馨而浪漫。

（二）欣賞並忠誠於他

一個失戀的青年對蘇格拉底說：「我那麼愛她，對她付出那麼多，她居然背叛了我，她對我不忠。」蘇格拉底說：「孩子，你要清楚，何謂不忠：當她愛你時，她和你在一起，這是對愛情的忠誠；當她不愛你時，她離開你，這，也是對愛情的忠誠。難道當她不愛你的時候卻強留在你身邊，這是對你的忠誠嗎？」

我們不求所有的人都有蘇格拉底那種境界，但是當愛情出現問題時，我們為何不能好好的思考一下何謂愛情忠誠？愛情的忠貞，就是誠實，愛就愛，不愛就不愛，愛情本來就是一件複雜的事情，沒必要要每個人都用情專一，每個人都至死不渝。各人有各人的福分，強求不得。

第七章　抓住男人心：幸福女人必備的心理操縱術

　　人們常用挑剔的眼光看自己的配偶。例如，一方全身心撲在工作上，另一方既可以欣賞：他（她）事業心強！也可以指責：一點也不把家放在心裡！這說明了，用不同的眼光去評價同一件事，結論會大相徑庭。如果你不假思索就能數出配偶許多缺點，那麼，你多半缺乏欣賞眼光。如果你當面、背後都只說配偶的優點，那麼，你就等於學會了愛，並能收穫到愛。記住每個男人都需要一個「信徒」。

（三）珍愛自己的健康

　　健康的身體是美麗的保證和載體。有許多女性只是癡迷的追求美，忽視了健康儲蓄意識，不知不覺患上各種文明病。一旦失去健康，嫵媚、雅致和風情萬種就與你無緣了。

　　大多數的女人，在慷慨大度向人間奉獻愛的時候，她們太不愛一個人了 —— 那就是她們自己。所有的女人都是一樣，在談戀愛的時候會很看重彼此的這段感情，以至於都失去了自我；在結婚後又會只注重自己的老公和孩子，很少能想到自己。

（四）愛家人，首先要愛自己

　　你也許正在因自己為家庭、老公、孩子的付出而感到驕傲，但要提醒你，在這之前你好好愛自己了嗎？如果你沒做到，那麼你的無私付出就是徒勞的。太愛一個人，就會被他牽著鼻子走，如被魔杖點中，失去了自我。從此，你沒有了自己的思想，沒有了自己的喜怒哀樂……不要愛一個人愛得渾然忘卻自我。那樣全身心的愛只應出現在小說裡，這個社會越來越不歡迎不顧一切的愛。給他呼吸的空間，也給自己留個餘地。飛蛾撲火的愛情，正在進行時固然讓人覺得壯美，但若他成為過去時，你如何收拾那一地的狼藉？投入那麼多，你能否面對那慘重的損失？

　　作為女人，我們真得很重要。我們一生中要承擔多重角色，女兒、女友、妻子、母親……對每個角色我們都要盡善盡美，一如我們心底對自己的要求和願望。當你戀愛時，愛你的身體；當你結婚時，愛你的氣質和容顏。我們快樂，家庭就會安定和充滿活力；我們安詳，全世界都會感到和諧寧靜；我們幸福，所有的人都會受到感染，因為我們的影響無處不在。

　　所以，女人一定要關愛自己。愛自己，就是要珍視自己的健康，讓自己有充沛的精神和體力來享受生活；愛自己，就是接受自己的角色，充分享受這個性別賦予你的天賦的優雅與從容；愛自己，就是懂得自己的需要，安排好自己的生活，維護好生命中最重要的東西；愛自己，就是經營好自己，做自己最想成為的人，讓自己漂亮、快樂起來。女人們，給我們自己留一點享受的時間和空間吧。不要一拖再拖，不要一等再等，應該從今天開始，從現在開始！

（五）健康飲食

　　近些年來國內外的一些營養專家發現，一些食物注重「搭配」食用，不僅使人體更有效吸收營養，而且還有一定的防病治病效果。

　　據有關醫學專家介紹，人體免疫系統每天都要面臨各種各樣病毒的侵害，最常見的要數感冒病毒。有資料統計表明，各種不同的感冒病毒多達200種，而人體免疫系統在面對不同病毒的侵害時難免會「疏於防範」。一旦人體免疫系統薄弱時，感冒病毒便會乘虛而入。天氣變化、過度疲勞、精神緊張以及長期處於封閉環境中都會造成人體免疫力下降，而對付感冒病毒最有效、也最健康的方法是在日常飲食中合理搭配，提高自身的免疫力。

　　學習健康知識其實很簡單，不用花多少錢多少時間，就能獲得。健康就在身邊，健康就是順應自然，順應天時：順勢而為，順水推舟；生活規

律，飲食均衡：什麼都吃，適可而止；粗茶淡飯，青菜豆腐；有粗有細，不甜不成：三四五頓，七八分飽；飯前喝湯，苗條健康；飯後喝湯，越喝越胖：早飯淡而早，午飯厚而飽，晚飯須要少；三個半小時，三個半分鐘：一二三四五，紅黃綠白黑；運動三五七，步行是最好；天天三笑容顏俏，七八分飽人不老：相逢借問留春術，淡泊寧靜比藥好……這段順口溜中，字字句句都與吃有關，可見飲食的合理性對身體是多麼的重要。

擺正夫妻間的天平

一個天平，兩邊的砝碼重量相同時，才能保持平衡；稍有差異，天平就會傾斜。這個平衡原理也體現於生活的許多方面。在夫妻之間，也要保持一種心理上的平衡，這樣才會有平等、互敬互愛的夫妻關係。

夫妻間的心理平衡主要表現在感情上的平衡和對對方認識上的平衡。感情上的平衡就是指雙方是否真心相愛，誰付出多一些、少一些並不十分重要。對對方認識上的平衡指的是對對方的肯定程度。肯定的程度越高，被對方接受的程度也越高。

有的夫妻之間，一方對另一方情感熾烈，而另一方卻對對方沒有什麼愛情，長久下去，一方的感情得不到回報，就會心理失去平衡，轉愛為恨。

有一對夫妻，男方是迫於外界的壓力與女方結了婚。結婚以後，男方對妻子感情淡漠。妻子原本是一個性格文靜的女子，她很愛自己的丈夫，退讓和放棄結合起來。這不是在否認女權和獨立，而是如何去合理經營家庭感情，或是如何抱著一種正確的心態去尋找幸福。一句話，就是讓自己看起來更像個傳統意義上的女人，而非一個賺錢機器或「女強人」，但內

心還是應該勇敢堅強獨立。在情場上，不肯向男人低頭、拒絕男人的照顧，結果除了把自己弄得傷痕累累之外，大多只能落個獨自垂淚的後果。剛勁的旋律缺了柔美音符的點綴所造成的遺憾，等同於女人不會示弱，從而丟掉了應有的魅力和美麗。

示威容易示弱難，面對困境與刁難時，微笑是聰明女人防止自己受傷害的最好保護傘，別人暴跳如雷也好、心生怨恨也好，心存寬容，處處包容，始終沉著微笑，以不變應不變，然後終有冰釋前嫌的一天。美滿婚姻需要女人不斷調劑，熱情時驕陽似火，讓愛人情不自禁；而柔弱如蓓蕾初綻，更令人怦然心動。生活當中，適當的示弱不但是一種生存的技巧，也是一種坦誠的生活態度，可以幫助我們贏得他人的信任與好感，使自己的發展之路更平坦。與陌生人相處，適當示弱是一種真誠接納的態度。但大多時候，我們都習慣於在別人面前展示堅強美好的一面，自然的想掩飾自己脆弱不堪的一面，太在意在別人心目中樹立完美形象，而那種形象多少是不完全真實的。有研究社會心理的學家指出，適當的在別人面前表生活中，從他對你的態度中都可體現出來。你要與他溝通，了解他對你的看法，你也要努力獲得丈夫的尊重和長久的愛戀。你需要自尊，莫讓愛抹去了你的自尊；你需要自信，要適時調整自己，莫讓家務磨去你的風采；你也需要豐富、提高、增強自己的個人素養，莫讓庸俗的標籤貼上你的玉體。

▌做一個善解人意的女人

女人因為心思細膩而具備了善解人意特點，從而能夠走進他人心裡。可是現代社會中，這種「超級女人」卻越來越少，實在是令人惋惜的事。

善解人意的女人是那種能讓男人燃燒、能喚起男人激情的女人。而男人們多數也都是極具理性的，他們不會因為善解人意的女人的謙讓而得寸進尺，他們會對善解人意的女人心存感激。在當今競爭激烈、躁動的社會裡，男人活得不易，對於家庭的另一半，男人們最渴望找到那種善解人意的好女人。

（一）男人眼中善解人意的女人

男人究竟喜歡什麼樣的女人，這也許是女人們私下裡最熱衷討論的話題了。許多女人都以為，男人們喜歡的女人應該是漂亮、潔淨、溫柔、賢慧的。但是，男人心中最渴望的是那種善解人意的女人。

善解人意的女人能走進男人的心裡，她知道躺在身邊的這個男人雖然是她今生今世的至親至愛，但作為一個個體的男人，他那顆心在屬於她的同時，更多的還是屬於他自己；她知道，對於男人來說，外面的世界的確比家裡要大得多；她還知道這個男人對她很依戀，但男人的事業仍然非常重要。因此，善解人意的女人無論在什麼時候都不會把男人當成私有財產，要男人對自己言聽計從，不會在男人忙於工作時抱怨男人不顧家，也不會要求男人時時刻刻牽掛著自己。善解人意的女人知道好的男人就像是在高空中盤旋的鷹，只有當鷹很累了想要休息了的時候，才會回到女人身邊，而此時，她會給予無盡的溫柔。

男人是剛強的，但同時他們又很脆弱，有些男人是把榮譽和臉皮看得比生命還重的。因此，善解人意的女人知道在男人的精神世界裡有哪些禁

區，她總是很小心的不去跨入那些禁區。假如有一天，夫妻因某件事情吵架了，善解人意的女人絕不會和男人鬥氣鬥勇，絕不會像潑婦一樣把男人打得像隻鬥敗的公雞。

（二）呵護男人心靈的天使

當今社會競爭異常激烈，而男人則承擔了創業和養家糊口的多重重擔，為了適應人際間爾虞我詐的環境，為了跟上競爭中不進則退的步伐，他們強迫自己變得日益剛毅而堅強。善解人意的女人應該知道，男人的這份堅強僅僅只是表現給外人的偽裝，在經歷了職場的大風大雨後，他們內心深處更渴望有一個安寧的港灣，能夠讓自己那顆疲憊的心靈得到安慰。他們多麼希望，在失意的時候，有個人能夠聽自己訴苦，能夠給自己一點鼓勵、一點站起來的動力和勇氣；他們多麼希望，在他們無助的時候，有個人能夠誠懇給予自己建議，讓自己跳出迷茫的圈子，找到前進的方向；他們多麼希望，在他們開心的時候，有個人能和自己一起分享快樂，為自己的成就而感到由衷的喜悅。

善解人意的女人往往扮演著妻子、知己、母親等多重角色，她們懂得男人的苦衷，她們知道如何用自己的關懷來讓男人感到溫暖，她們會用一顆真誠的心去想方設法疼愛眼前的這個男人，讓他能夠放鬆脫下戰衣，無所顧忌投入自己的懷抱。

男人勞累了一天回家的時候，她們會燒上一壺熱水，泡一杯熱氣騰騰的碧螺春茶，一邊為他捶著酸疼的肩膀，一邊溫柔陪他說話。她們知道，男人在疲憊時最需要的，是完全的放鬆和溫暖的感覺，她們會盡力為他營造這個溫馨的氛圍和環境。

男人遇到挫折而苦惱萬分的時候，她們會耐心傾聽男人心裡的煩悶，雖然她們不一定有多大的能力去幫助男人從困境中解脫，但她們也會盡力

找尋辦法，因為他的麻煩就是自己的麻煩，她需要讓他知道，有她一直在身邊陪伴，他並不孤獨。除此之外，她們還會使盡渾身解數去誇讚身邊這個男人，她們深深知道，自己溫柔的鼓勵是醫治失意男人的一劑最好的處方。一句「在我心裡，你永遠是最棒的！」能讓男人打心底振作起來，並找回奮鬥的勇氣。

男人一時激動，浮躁得想一飛沖天的時候，她們不會冷嘲熱諷讓他無地自容，更不會懶得理睬讓他覺得了無意趣。她們理解，在這個日益浮躁的社會中打拼，哪怕是最理智的人也難免有思緒受到波動的時候，哪怕最聰明的人也會偶爾出現短暫的頭腦「短路」。她們知道，這時候的男人最需要的是一份冷靜客觀的提醒，是一種能帶他撥開迷霧、走出困境的能力，因此，她們會用自己的冷靜和愛讓他遠離浮躁衝動的情緒，最終得以重新回到冷靜和理智的世界。

男人事業上取得了不小成績的時候，善解人意的女人不會大煞風景的在一旁冷言冷語並自鳴得意的視之為客觀的提醒。她們懂得人生得意須盡歡，她們會發自內心的為他的成就而慶祝，為他的成功喝彩。善解人意的女人懂得享受生活中一點一滴的快樂，她們知道快樂放大的結果是讓生活更快樂，她們會努力的放大快樂，讓自己和愛人生活得更加多彩！

（三）善解人意要適度

每個人都會有發脾氣的時候，而脾氣沒有理性與不理性之分。大多數女性在發脾氣之後，常常自責，因為自己沒有符合「善解人意」這一條。其實，我們可以允許自己每個月有一兩次無端發脾氣的時候，當刁鑽的情緒迸發的時候，你可以去糾纏老公，不必過多考慮對方的感受。要對善解人意作靈活和人性化的理解，而不要當做枷鎖和規範來束縛自己。聰明女人應該銘記，善解人意也要有度，一味的忍讓只會讓你成為一頁不懂生活的白紙。

消滅啃食幸福婚姻的蟲

家庭既是社會的細胞，也是社會的縮影。家庭的軸心是夫妻。男女結合時，總是互相愛慕、親昵，憧憬著白頭偕老。然而婚後，家務的繁瑣，孩子的教養，婆媳間的時代心理分野，男女雙方工作與交際的順逆……一系列社會問題，都縮至家庭，並集中於夫妻身上。

這時，如果夫妻雙方心理健康，彼此默契，協調生活，則凡事迎刃而解，在相濡以沫的過程中孕育出互為依存的心理，夫妻感情便可像魯迅所說「時時更新、生長、創造」。反之，如果夫妻雙方或一方心理不健康，其精神境界就有可能被繁重的負擔所壓垮，產生被冷落心理。

於是，婚前的甜言蜜語、海誓山盟，婚時的溫馨、甜蜜的色彩，便隨著日子的轉移而消退，「往事不堪回首」。這個心理如果未能及時矯正，家庭中牙齒與舌頭相摩擦的雞毛蒜皮，都將起著強化刺激的作用。

久而久之，各式各樣的猜忌心理便應運而生，捕風捉影，疑慮重重。開始，猜忌的疑團中包含著兩個成分，一是疑慮對方，覺得對方有這樣那樣對不起自己的地方；一是疑慮自己，覺得對方未必如此。但是，時過境遷，慢慢的，這個疑團中疑慮自己的成分被逐漸排除，僅剩下疑慮對方的成分。至此，量變演成質變，悔恨的心理便油然而生，終至釀成悲劇。

我們知道，悔恨源於猜忌，猜忌源於過剩的自尊。自尊是個體對自己價值觀的堅信，人們憑此自強不息。要是失去自尊，人就雷同於斷了脊梁骨的狗，失去價值。因此，人們應有自尊，亦應保護他人的自尊。但是，自尊一朝過剩，則走向其反面 —— 自賤，進而猜忌、悔恨。

因此，要防止家庭悲劇，應以保護家庭成員，特別是夫妻間的自尊和防止自尊過剩。過剩轉化為猜忌並演成悔。限為中心。

首先，作為家庭軸心的夫妻，彼此都要不斷加強學習、修養，不斷提高對社會的責任感，開闊胸懷，提升情操；

其次，夫妻要學會交換位置，凡事將心比心，站在對方立場想一想不要光看自己的「理由」；

再次，夫妻間應互相尊重對方的獨立性，信任對方的工作與社交，不能亂加懷疑。

定期為情感注射保鮮劑

漂亮的女性，容易獲得愛情；而有智慧的女性，懂得保存愛情。聰明的女性，應該是愛情的廚師，懂得掌握喜怒哀樂的情緒發揮，知道適時在生活中加入酸甜苦辣的調味品，讓愛情越陳越香，相愛綿延無絕期。

一杯美酒，放久了，會失去它的醇香；一盤美食，放久了，也會失去它的鮮美。愛情就如同這美酒、美食，再甜美的愛情不知道保鮮，也會讓人失掉品嘗的興趣。

如果想讓愛情永遠新鮮，充滿激情，就需要「愛情保鮮的方法」。

（一）妙用眼淚

眼淚是女性制服男人的武器，但是，寶劍可不能輕易出鞘！不要動不動就落淚，過多的眼淚不但無法引起憐愛，反而使男人對你的哭泣有「免疫力」。

看到悲慘的電視或電影，哭得像個淚人兒，讓他知道你有一顆脆弱善感的心。爭吵時，他提出分手，說了重話，或者他有了二心，都是落淚的「必要」時機。特別是兩人鬧意見鬧得不可開交時，與其硬碰硬，倒不如適時運用「淚彈攻勢」化解僵局。很多時候，淚水可能是結束戰爭的最佳使者。

眼淚，是用來表達憂傷或憤怒，不是用來凸顯你的任性與跋扈。不要。他一不遵照你的「旨意」，或是你的要求沒有得逞，就淚眼婆娑。他忘了太疑神疑鬼，任何一點風吹草動，就以為對方要變心走私，這種過度的猜疑。只會沉澱成感情的陰影。最後扼殺掉彼此的愛。

（二）建設性吵架

情人發生爭執或口角，在所難免，吵個建設性的架，不但能發洩情緒，更可增進了解。若是一味消極攻擊指責，甚至又鬧又上吊，不但解絕不了爭端，反而會惹來厭惡和反感。

發怒吵架。要對事，而且收放自如，該鬧則鬧，該停則止，見好即收。絕不戀「戰」。吵架要給自己留下臺階，給對方留條後路，否則，一不小心吵翻臉了，對你可只有壞處。也別當眾爭吵，讓他覺得有損面子和男人尊嚴。還有，雖說吵架無好話，但別批評他的家世、人格或學歷等無法改變的特質，以免因逞口舌之快，而謀殺了苦心經營的愛情。

記住，女性要潑辣，而又不要太辣，就像黑胡椒一樣，夠勁又不傷胃。如何讓吵架的「德行」看起來很美觀，是爭吵前的心修課程。聰明的女性即使發怒，也要想辦法充滿美感。這杏眼一瞪，纖指一撥，柳腰一扭，櫻唇一噘，姿勢多曼妙婀娜！橫眉豎眼，披頭散髮，潑婦罵街，歇斯底里，只會破壞你在他心中的形象和地位。

（三）保持若即若離

對於男人，盯得太牢，會惹他反感，而如果放任不管，他又可能從此失控。因此，和男人保持若即若離的距離便是一種讓婚姻保鮮的有效方法。

朱紅顏是個幸福的女性，當有人問她保持婚姻美滿的祕訣時，她總是說：我覺得婚姻保鮮的最好方法就是在婚後還給對方留出足夠的自由的空

間，不要做什麼事情都黏在一起，有的時候，太過親密，厭倦得也快。適當的距離。可以讓我們更加相愛。

和男人相處，女性要像良質米一樣，有點黏又不會太黏。有時給他綁上一條繩子，讓學會牽掛；有時給他一些空間，任他放生吃草。整天黏著他，他會覺得「我好比那籠中鳥」毫無自由；但是，過分放縱他，平原縱馬易放難收，他可能會忘了回來。

他就像風箏一樣，拉得太鬆會飛走，拉得太緊又容易扯斷，所以，女性要懂得忽鬆忽緊抓住他，跟他的距離也要永遠保持若即若離。有時盯牢他的行蹤；有時對他小小的出軌視而不見；有時讓他覺得你很在乎他；有時把他當壁畫，擺在一旁閒著，信任他，但偶爾對他的話投下「不信任票」。

要像母親一樣寵他，呵護他，也要像女兒般依賴他，向他撒嬌。你必須是他的知己，陪他做夢、發牢騷；你也要是他的「迷妹」，在他吹牛時，還是堅持以崇拜的眼神看著他，甚至你還必須是他的「敵人」，適時給他一些刺激和打擊，讓他振作起來。

這就是男人心目中「全能女性」的特質，如果你能巧妙掌握這些特質，那麼他就會像孫悟空一樣，永遠也逃不出你如來佛的手掌心。教男人感到愛你不渝，就要讓他相信：你的好或壞、喜或悲，都是因為他。

▌打造美滿婚姻的「心經」

當男女雙方在考慮結婚時，常把未來的共同生活想像得很美，但生活告訴我們，要想長期保持一個健康美滿的婚姻並不那麼容易。儘管他們在婚前感情基礎較好，但在婚後矛盾、困難、衝突還會接踵而至。要使生活

和睦美滿，就要通過雙方共同的努力找到一種合理的、健康的婚姻生活的準則。同時還要進行必要的心理調適。

（一）婚姻不可期望太高

把婚後的生活想像得太浪漫、太美妙，認為婚後還會像婚前一樣談情說愛、難分難合，是不現實的。夫妻是要攜手共同走過漫漫人生旅途的，不要以為這條路上鋪滿了鮮花，也要估計到坎坷和荊棘。不現實的過高期待，結果是理想破滅，感到失望，感到生活平庸，感情淡漠。為了避免這種現象的產生，最根本的就是對婚後生活不可期望太高。

對夫妻關係和婚後生活要有充分的心理準備，必須認識到婚姻和戀愛的差異。例如：婚後事事要考慮到兩個人，不能只想到自己，要克服以自我為中心、我行我素的行為模式，準備調整自己的興趣、愛好、娛樂等多方面活動的內容和方式。不能像單身時那樣無憂無慮頻繁參加舞會，不能再同朋友長時間聚會、旅遊，等等。要準備自己獨立料理一切家務事，要具備買菜做飯、洗衣縫補、管理家庭、計畫開支、安排時間等方面的知識和技能。有了充分的準備才會處變不驚，應付自如，很快的勝任新角色，這樣不但不會有心理矛盾的困擾，而且還會感到幸福與快樂。

（二）正確對待雙方的差異

儘管擇偶時已經過認真的篩選，每一個結婚的人仍必須學會和自己有些差異的另一個人和諧相處。這些差異可能源於個人所處的文化背景、社會經歷的不同。

例如，妻子是南方人，精明能幹，喜歡以含蓄、穩妥的方式待人接物；丈夫是北方人，熱情豪放，喜歡以直截了當、簡潔明瞭的方式為人處世。於是妻子覺得丈夫太粗俗，丈夫以為妻子太虛偽。

第七章　抓住男人心：幸福女人必備的心理操縱術

再如，知識份子的工作時間沒有嚴格界限，往往越到晚上越忙，越到節假日越忙著整理材料、寫文章；工人則完全不同，他們有嚴格的上下班時間，下班後就休息，晚上可以看電視、打牌、聊天。夫婦兩人，一方是知識份子，另一方是工人，如果互不理解對方，互不體諒的話，就會在業餘消遣上發生矛盾。

在這些問題上，關鍵是要互相理解和寬容，而不應苛求對方處處與自己一致。當對方暴露出不正確觀點和行為方式時，作為妻子的千萬不要急於糾正。所謂糾正，往往是把自己的意志強加給對方。從被糾正的一方來看，是自己的言行被否定，別人不能容納自己，被別人排斥，心裡往往不愉快，有抵觸情緒；被人家糾正，這怎麼受得了！因此，一般說來，越是想糾正，對方越不改正。不刻意糾正，又該怎麼辦呢？乾脆袖手旁觀嗎？那倒不是。應積極深入對方的內心世界，努力理解對方的心靈。對他諄諄誘導，使其潛移默化，自己意識到缺點和不足，而逐步改正。

在日常生活的瑣事上，也不必堅持己見，必要時可遷就對方以求得一致。虛心學習對方的優點，會贏得對方的尊重。只有相互學習，共同改進，才能使夫妻生活更加和諧。

（三）正確處理夫妻衝突

夫妻之間分歧、矛盾和衝突是不可避免的，就算是很恩愛的夫妻，偶爾也會鬧情緒。有人甚至說：不吵不成好夫妻。爭吵可能影響夫妻感情，甚至導致關係破裂，但爭吵也可能更加密切夫妻關係，使家庭生活更加和諧。問題的關鍵在於雙方怎樣對待爭吵，雙方在主觀上準備通過爭吵取得怎樣的結果，是建設性的，還是破壞性的。

要學會把爭吵控制在一定的範圍和程度上，然後因時因採取靈活的方

式言歸於好，這需注意一些要點：

* **學會讓步**：當矛盾開始尖銳化時，一方就要做適當的忍讓，等情緒平息下來再慢慢談。應避開火頭，一方十分激動時，另一方千萬不要針尖對麥芒，一句還十句。可以暫時默默的走開，過一會兒再交流思想。這並非軟弱和屈服的表現，而是冷靜，有理智。

* **切忌彼此揭短**：吵架中的夫妻常犯的毛病或稱「負性」行為反應，就是兩人喜歡把對方的缺點及短處一一搬出來，不是挖苦對方，便是向對方算舊帳。比如，妻子嘲笑丈夫沒有能力，不能升官發財，沒本事讓家裡生活改善，害得妻子沒有一件像樣的衣服；丈夫則責備妻子不誠實，做事不光明磊落，愛慕虛榮，還偷偷的往娘家送東西。如此一嘲一咒，更傷害了雙方的感情，對彼此毫無益處。

  有這樣一對夫妻，男方年輕時曾有過一段風流史，和辦公室女祕書關係曖昧。雙方一發生摩擦，女方往往就以此寒磣男方：「你過去就不是個好東西，和某某如何如何！」男方也不示弱，就用他們婚前同居，懷孕的事反譏女方：「對，我不是個好東西，但你也不是個好鳥！沒結婚肚子就大了！」於是女方瘋了一般沖上去，夫妻打在一起鬧得天昏地暗，日月無光。

* **維護獨立性**：夫妻兩人只能做到志趣相似，即在對事物的評價、行為習慣、生活方式等方面做到矛盾衝突不大，但不可強求一致。強求一致是不可能的，也是不必要的。因為夫妻兩人相對於對方來說，是兩個獨立體，雙方都應保持自己獨特的個性，不過這兩種個性不是互斥的，而是互補的。譬如，彈奏樂器，兩個音若一樣，就顯得枯燥單調：兩個音節合在一起，發出一個和聲來，反而更加悅耳動聽。

第七章　抓住男人心：幸福女人必備的心理操縱術

* **努力使性生活和諧**：羅香和老公剛結婚時，兩人都對性方面的知識不太懂，更沒有什麼經驗，所以感覺總是不和諧，也為新婚的喜慶多多少少的摻了點鬱悶的氣味，後來兩人相互「協商」共同努力，鬱悶沒有了，有的只是銷魂的點亮心燈

  夫妻要在親近中保持距離，相敬如賓。健康的婚姻應能幫助夫妻發展各自的興趣和嗜好，也能促進夫妻各自的成熟才對。

  和諧的性生活能使人全身放鬆、心態平靜，性生活越美滿就越能減少焦慮、煩躁不安等不良情緒。一次美滿的性生活，能使人的大腦釋放出一種使人產生持久歡樂感的多肽物質 —— 腦內啡，這是醫治精神疾病的物質基礎。

  性學家指出 —— 當一個人感到頭痛、背痛或意志消沉時，一次和諧的性生活會有明顯的療效。性生活美滿的女性，她體內免疫系統的 T 細胞含量較高，而 T 細胞具有抗病治病的功效。

  據一些方離婚民事訴訟案分析統計，性生活不滿意導致夫妻感情破裂的占離婚事件的百分之五十以上。人一生中由於疾病、勞累、營養、情緒等因素而出現性功能障礙者不為罕見，而屬器質性疾患者極少，多數是心理因素的作用；其他原因造成家庭矛盾往往只是誘因。有些人把性生活作為一種要脅、懲罰和滿足不合理要求的「武器」，結果更惡化了兩人的感情。心理健康的夫婦採取互相體貼的措施，實現性生活和諧是雙方共用的樂趣。

不怕被甩的祕訣

用柔情感化他，用體貼打動他，用情理疏導他，用能力征服他，用魅力迷住他。

有人說：婚後的女子要警惕被丈夫拋棄。我認為，夫妻感情不是光靠一雙警惕的眼睛就能維繫的。要鎖住丈夫的視線，只有四個字：完善自我。

我丈夫是個成熟、深沉、有事業心、有責任感的人。像這種類型的男人，對年輕女性是極具吸引力的。我與他相戀時，內心已有準備，絕不過分干涉他的社交領域、生活情趣，如果出現丈夫有拈花惹草的敏感問題時，不摔醋罈子。

我不怕被丈夫甩，怕甩反被甩。與其拖住他，不如放了他「再選擇」。但我深信彼此間的真摯感情，能夠抵抗得住來自任何外在因素。當然光「放」不「吸」不行，我是他妻子，最有吸引他的充分條件。我的祕訣：用柔情感化他，用體貼打動他，用情理疏導他，用能力征服他，用魅力迷住他。

丈夫在知識、地位等各方面都高我一籌。他每年都有許多專業論文發表在各種經濟類雜誌上。為了縮短與丈夫之間的距離，我便不斷更新「修煉」自己，時時為自己充電加油，雖談不上出口成章，但也能吟詩弄墨一番。近年來，大大小小的文章加起來也有五十多篇見報。

在家裡我有時會接聽到一些陌生女性打電話找丈夫，也會發生丈夫晚回家的情況。但我從來不「打破砂鍋問到底」，我想每個人都有自己的交際圈，我給丈夫的是充分的空間、自由與信任。深夜回家的丈夫每次都見我若無其事，並不像有些女子那樣悲傷得尋死覓活，他會突然覺我比過去更可愛了。我深信他是個情意濃厚，憐香惜玉而非移情別戀之人。

第七章　抓住男人心：幸福女人必備的心理操縱術

現代社會中，異性交往已成平常事，做妻子的固然要考慮小家庭的整體，但更要意識到家庭成員的獨立人格，若對丈夫實行「妻管嚴」，只能事與願違，令他厭煩。只有互相尊重的婚姻，才會愛意長存，天長日久。

我永遠牢記四個字 —— 剛強自尊。這樣即便輸掉了愛情，也不會輸掉整個世界！

▎羞怯，讓男人無法抗拒

「猶抱琵琶半遮面」、「插柳不讓春知道」 —— 女人羞澀的神韻，尤能刺激男人的豐富想像力，甚至使男人著魔入迷，如醉如癡。羞澀使女人增加了無窮的魅力，更閃耀著人性美的光輝。康德曾說：「羞怯是大自然的某種祕密，用來抑制放縱的欲望；它順從自然的召喚，但永遠與善與德和諧一致。」羞澀不僅是女人的一種氣質，更是女人俘獲男人的心理戰術之一。

普拉克西特列斯（Praxiteles）的雕塑名作《克尼多斯的阿弗羅黛蒂》和《梅迪奇的阿弗羅黛蒂》，都是反映女性羞澀美的。羞澀之色猶如披在女性身上的神祕輕紗，增加了她們的朦朧感。這是一種含蓄的美；美的含蓄，是一種蘊籍的柔情，柔情的蘊籍。

然而，現代女人似乎已漸漸失去了羞澀之心，在公眾場合大談「性」；在人群中與男友表現過分親暱……不禁讓人惋惜那份失去的美好。

當女人全都開始放棄羞澀時，她們毀滅的將是男人對女人的留戀、崇拜、尊重和愛，世界也將變得不再有夢，了無意趣，想想看這是多麼悲傷的事情啊。

女人的羞澀，寄託著男人童話般的愛。女人在改變自我的同時，切記要保留著那份質樸的羞澀。

羞澀表達的是女性的穩重、不輕浮，也證明了其內心的純潔與天真。羞澀之情是自然流露，全出自無心，更非有意造作。

唐朝時，有官員在揚州選美，邀請了才華橫溢的大詩人崔鈺一同前往。

那天，美女如雲，她們打扮或豔麗如火，或清秀似荷，百花鬧春般的讓人眼花繚亂。她們站成一排，低著頭，接受官員的檢視。崔鈺在一旁默不作聲，靜然觀察。但見其中一女子聽喚其名，不作猶豫，揚頭直視；另一女子則覥腆嬌柔，宛轉抬頭；還有一個女子，先不抬頭，再三喚之，她才慢慢抬起頭來，她的目光風情萬種，好像在看人又實非看人，等官員鑑定後，她又以優柔的眼光施以一掃，才又低下頭去。崔鈺以他敏感的心性和深厚的學養，道出美人的真諦 —— 這個女子羞澀、嫵媚，她那臉上泛起的紅暈，是含露的兩片花瓣，是一章優美的律詩，是女子特有的風韻媚態。

現代女人雖不必如古代女子那麼羞澀嫵媚，但女人本身所特有的羞澀之美還是要保留的。

撒嬌是女人拴住男人心的獨門武器

「撒嬌」是女人的專利。會「撒嬌」的女人，男人很難拒絕。

夫妻二人共同生活在一起，難免產生摩擦，男人往往會脾氣暴躁，怒火一觸即發。這時候妻子千萬不要火上澆油，而是要使用溫言軟語，先讓他熄火。事實證明，在跟男人的衝突中，聰明的女人都明白柔能克剛的道理，只有愚蠢的女人才會選擇針鋒相對。一個喜怒無常，經常像鬥牛士一樣怒髮衝冠的女人是令人恐懼的。

第七章　抓住男人心：幸福女人必備的心理操縱術

馬大娘兩個兒媳婦的表現就是個很好的對比。兒子馬鋼從小就性如烈火，誰知他的妻子也很暴躁，本來一件小事，丈夫不冷靜，妻子也不忍讓，針尖對麥芒，每次都是越吵越凶，到最後總釀成一場場惡戰。馬鋼夫婦「戰事」不斷，感情漸傷，雙方都覺得再也難以過下去，只好辦了離婚，各奔前程了。

馬鐵的脾氣可不比他哥哥強多少，也是動不動就吹鬍子瞪眼，弄不好就掄拳頭。一天，不知道為什麼，馬鐵扯著生嗓子對妻子大喊大叫。馬大娘聞聽「警報」，立即闖進了小倆口的房間。馬大娘還沒開口，卻見二兒媳一不躲，二不閃，對著丈夫柔情蜜意的一笑，嬌滴滴說：「要打你就打吧，打是親，罵是愛嘛。可就別打得太重了。」這下可好，馬鐵不但收回了高舉的拳頭，連虎著的臉也被逗樂了。可能發生的一場風波頓時平息了，馬大娘被兒媳那股撒嬌樣兒逗得差點笑岔了氣。日子一天天過去，馬大娘發現二兒子發脾氣舉拳頭的時候幾乎不見了。後來，二兒子對她說：「媽，我算服了她了，還是她厲害，有涵養。」馬大娘也由衷的佩服起這個懂得「撒嬌藝術」的兒媳婦了。

「撒嬌藝術」，其實就是古代兵法上「以柔克剛」的藝術。老子認為，天下沒有比水更柔弱的東西了，但是任何堅強的東西也抵擋不住它，因為沒有什麼可以改變它看似柔弱的力量。恰當運用「柔」，任何堅強的東西都會為之融化。同樣的道理，巧妙的運用「撒嬌」，就等於為婚姻安上了一個「安全閥門」。

也許有的妻子聽了這個觀點很不服氣：「夫妻平等，誰都有個自尊心，難道讓我屈服在辱罵與拳頭之下，還要賠笑臉？我可不能服這個軟！」要是這樣理解可就錯了。妻子給丈夫一個笑臉、一句幽默話，絕不是軟弱的表現，而恰恰能顯示出一個為人妻者的智慧、氣質和涵養。面對

這樣的妻子，只要不是那種沒有人性、理性或對你根本沒有感情的丈夫，相信誰都會在這種大家風範面前敗下陣來而慚愧不已，並在這種潛移默化的薰陶中受到影響，自覺糾正自己的偏激性格和行為。

巧用「撒嬌」藝術，是夫妻交往中消除隔閡、增進了解、陶冶性情、加強涵養的具有實用價值的好辦法。做妻子的，當丈夫發脾氣時，不妨試試這招「撒嬌絕技」；當你的丈夫心情鬱悶時，不妨使用下這支女人特有的「獨門暗器」，這對增進夫妻之間的感情，肯定會大有益處。總之，為人妻者請牢記：「撒嬌」是對付老公的重要法寶。

聰明女人懂得給男人面子

刀砍在他心裡，受傷害的不僅是他也會是你。所以，抓住男人心的、讓家庭幸福的訣竅之一就是給男人足夠的面子。

聰明女人懂得給足男人面子，即使她在家裡喜歡支使老公，數落他不講衛生，在外面她也從不對老公指手畫腳，不在公眾場合把他的小毛病曝光。給男人足夠的面子就是愛他，而不給他面子就等於是拿刀砍在他心裡，受傷害的不僅是他也會是你。所以，抓住男人心的、讓家庭幸福的訣竅之一就是給男人足夠的面子。

月是一位能幹的女人，也是一位聰明的女人。她在某大公司做行政主管，掙錢比老公多，社會位比老公高，老公本來心裡就有些尷尬。但月在家裡絕對不是對老公頤指氣使的女人，也不因為自己比老公聰明而處處顯示一把。相反，她總在越是人多時越顯得需要他，給足老公面子。

一次，鄰居因為電腦出現了故障，請月幫忙修理。正好老公在家，月便對鄰居說：「不好意思，這個我不會呀。」接著她又指著老公說：「這

213

第七章　抓住男人心：幸福女人必備的心理操縱術

不，守著能人呢，他喜歡鑽研電腦。老公，幫忙去看一下吧。」鄰居一聽，忙說：「沒想到這還有臥虎藏龍的呢？」老公一樂，這些話絕對讓他臉上有光，一會兒就幫鄰居修好了。

　　每逢月與老公一起吃飯，服務員讓月點菜時，月總是望著老公說：「你說呢？」之後對服務員說：「我對這些不懂，還是讓我老公決定吧。」月總是安安靜靜的吃飯，讓老公掏錢買單，而掙錢多的月背後再給他補充。

　　這樣丈夫在大家面前既得到了妻子的讚美，又享有充分的話語權和決定權，他怎能不疼愛妻子呢？

　　經常聽見正在喝酒、聚會、聊天的男人當著眾人和太太打電話時聲調提高八度：「好了好了，今天我晚點回家，你就別多說了，我正忙著。我掛了。」

　　此時，很多男人都豎著耳朵細聽等著看好戲，女人千萬別動怒別中計。因為對於男人來說，面子重千金。此時你若河東獅吼，說不準好事之徒會挑撥你們的關係。既然面子對男人來說如此寶貴，聰明的太太就應該懂得在不違背大原則的前提下，還是要給老公留點面子。這時不妨和顏悅色說：「老公，我知道了，你少喝點酒，酒後千萬別開車。如果太晚了回不來就打電話告訴一聲。」

　　等回到家，老公一定會為你天衣無縫的配合逗你開心。因為你在朋友面前給夠了他面子。很多在外面呼風喚雨的男人，在他人面前保持男人的矜持，可回到家卻是居家好男人，處處關懷體貼，髒活累活搶著幹。這明擺著說明女人調教有道嘛。

　　怎樣才能做個好妻子呢？不同的女人有不同的回答。有的女人說丈夫在外忙了一天，回到家裡應盡量少讓他插手家務活，給他可口的飯菜，這

樣的妻子是好妻子；有的女人說能讓丈夫感到溫柔體貼的才算得上是好妻子；有的女人說能與丈夫共同開創事業、不斷升遷的妻子才算好妻子⋯⋯

這些回答都不錯，但都不全面。其實，做個好妻子並不難。如果你能做好以下幾點，你就算得上是一位真正的好妻子，你會讓你的愛人對你傾心關愛，得到家庭的美滿與幸福。

如果問男人：你的女人到底可愛在什麼地方？一百個男人會有一百個答案，全看是什麼樣的男人而定。兩人在一起日子過久了，激情慢慢淡化了，這時可以慢慢弄明白他平時有什麼喜好。他喜歡唱歌你就陪他唱；他喜歡看球你就幫他記住比賽日程；他喜歡吃海鮮你就炒大蝦。只要他高興你也快樂，日子就能過得舒暢。記住，千萬不要把自己的好惡強加於他。

另外，在婚姻生活中，男人的自覺性是靠女人的魅力「澆灌」出來的，當他知道和他結婚你很滿足，感到他不能被替代時，他才樂於回到你身邊。千萬不可這也挑剔那也埋怨，這樣只能給婚姻帶來麻煩。

也許有的人對這個問題很不以為然。其實這非常重要，一位名人曾說過：「每個男人事實上都是兩個人，一個現實中的自己，另一個理想中的自己。」那麼，你嫁給一個男士，可以說是嫁給了兩個男人。問題非常簡單，如果現實中的他既缺乏信心，又羞怯，那麼理想中的他肯定渴望成為一名勇敢自信的男人。作為妻子，你就應當想方設法幫助你的丈夫成為他理想中的那個人。

怎樣幫助自己的丈夫呢？其中一個非常重要的方法就是讚美。當丈夫受到妻子的讚美，當他們聽到「你真厲害，我為你感到自豪，我慶幸我找到你這位好丈夫」時，幾乎沒有一個丈夫不心花怒放，也會因此激發更大的信心，為家庭、為妻子、為子女作出更大的努力。

妻子真誠的讚美和激勵，是使丈夫發揮最大潛能的有效方法之一。在

他成功的時候，在他失意的時候，在他迷惘的時候，作為妻子都不應該放棄使用這種方法。

堅定的相信一個人，會給這個人強烈的自信，假如你是個已婚男人，來自妻子的信任將會使你獲得意外的巨大成功。

相信丈夫，就是妻子對丈夫最大的激勵。她們以一種特殊的視覺與敏感，看到了丈夫身上潛在的別人看不到的特質。她們用眼睛去看，也用內心的愛去看。因此，她們對丈夫有絕對的信任，也就能給丈夫最大的支持。

┃吵架不要回娘家

小杉有一個對她很體貼的丈夫。大學畢業後，他們就結婚了，靠著丈夫並不可觀的薪水，她取得了本城一所知名大學外語系的碩士學位。隨後，小杉在大公司裡找到了一份薪水不錯的工作，兩人還創辦了一個外語培訓機構。不知不覺中，好日子似乎已經來到了。接下來，他們準備用手頭的積蓄買一套房子。

然而，買房子的事卻使他們的感情經歷了致命的一擊。丈夫非常愛她，所以想把這套房子登記在小杉的名下，公證為小杉的私人財產，以證明他對她的愛。小杉了解到丈夫的心意，但覺得自己這些年已經沒少讓他受累，所以想將這房子作為自己愛的見證送給丈夫。兩個相愛的人就因為這個問題產生了相識以來最大的分歧，他們大吵了一架，小杉氣得回了娘家。

令人意想不到的是，小杉從娘家回來後，態度完全變了。她臉上一團和氣，欣然同意將房子公證為自己的財產。丈夫雖然有些吃驚，但也沒太在意，以為她終於理解了自己的苦心。可是從那以後，小杉對丈夫的態度卻產生了微妙的變化，言談之間對丈夫也不像以前那麼尊重了。偶爾還說

一些諸如「誰讓你這麼沒用」、「誰讓我掙得比你多」之類的話。爭吵當然是越來越多，每次吵架之後，小杉必定回一趟娘家。每次她從娘家回來之後，他們之間的距離似乎也更遠了。

有一天，他們一起回小杉的娘家，也揭開了他們之間產生問題的謎底。那天，已經習慣吵架的他們又吵了起來。岳母來勸架的時候，不期然的對小杉的丈夫說道：「你這個人哪兒都好，就是有時候沒有自知之明。小杉那麼有能力，掙的也比你多，就憑一套房子就嫁給了你，你還不知足嗎？」從小杉慌忙對岳母使眼色的動作裡，丈夫明白了一切。

從娘家回來，丈夫就提出要跟小杉離婚。不知所措的小杉也許不明白，在岳母的那句話中，在一次又一次無謂的爭吵中，她從丈夫那裡奪走的，不僅是丈夫對她的愛，還有丈夫那作為男人高貴的尊嚴。現在，他唯一能做的，就剩下和她離婚了。

最後，丈夫說要問她最後一個問題：「那次為公證房子的事吵架回娘家時，岳母對你說了什麼？」

小杉回答：「她說，你之所以要把房子公證給我，是因為我比你有能力，你怕我離開你。」

小杉的故事說完了。可以肯定的是，她將有很長一段時間會生活在懊悔與自責之中，因為她失去了一個愛她超過愛自己的男人。她不明白的是，自己原本幸福圓滿的婚姻，怎麼在一夕之間就這麼葬送了？難道就因為她母親的那句話？

夫妻吵架之後，女的通常會很自然想到回娘家去，以得到娘家人的撫慰。如果娘家人能站在為小倆口的幸福著想的立場勸架，那回娘家自然無可厚非，但娘家人畢竟不同於自己，他們難免會在聽完自家孩子的一面之詞後，出於袒護，而作出一些並非客觀的判斷。而在心煩意亂的時候，這

些判斷是很容易被女的一方吸收的。久而久之，夫妻之間原本很小的分歧演變成了不可調和的矛盾，原本很小的距離演變成了無法逾越的鴻溝，感情的破壞也就在所難免了。

即便娘家人都很通情達理，吵架回娘家也是不科學的。夫妻是因為愛而結合的，在有了小小的摩擦後，出於自然的反應，兩個人自己就會想辦法溝通和好。通過溝通，相互更加理解對方，反過來又加深了對彼此的愛，這比讓外人來勸和要好得多。相反，總是依賴娘家人來勸架，忽略了兩個人之間應有的心靈溝通，時間一長，不僅分歧沒有得到根本解決，兩個人的距離反倒拉遠了，實在是不划算呀！

所以，和丈夫吵架後，先不要急著回娘家，待冷靜下來，兩個人好好談談吧！夫妻之間沒有隔夜仇，只要彼此心裡真的有對方，哪裡還有什麼解絕不了的問題？

突入其來的第三者

所謂「第三者」，就是同有婦之夫或有夫之婦保持曖昧關係的異性。這種關係同正常的健康的社會交往不可同日而語。愛情是排他的，但愛情並不排斥友情。突然發現丈夫有了外遇，對於作為妻子的您來說，痛苦是必然的，但是，在悲憤之餘，你應該採取什麼樣的態度呢？

要冷靜「第三者」的問題是比較複雜的。同是和「第三者」來往，尚未發生兩性關係同已有兩性關係，主動引誘別人同經不起別人引誘都有性質和程度上的區別。愛人同「第三者」保持不道德關係，是出於精神上的空虛，還是對自己家庭的厭惡，在本質上也是不一樣的。情況不同，錯誤的性質和程度不同，處理的方法也應有所區別。所以，當丈夫有了不

軌行為以後，首先應冷靜的把情況搞清楚。否則，如果不問青紅皂自來個「一鍋端」，就很可能使情況變得更糟。

要理智當你發現自己的愛人同「第三者」有不道德的關係後，受騙的感覺油然而生，於是氣惱、憤怒、火冒三丈，這是很自然的。可是，憤怒並無益於改變現狀，相反，怒火燃燒使人失去理智，不自覺的惡語傷人，不僅不能使愛人回心轉意，反而易使夫妻的矛盾激化，使他與第三者的感情更近。現實生活中常常有這樣的情況，同樣是丈夫有不軌行為，由於妻子處理方法不同，竟產生了完全不同的後果。一位妻子在得知丈夫有外遇後，就哭天搶地，不但在家，還到丈夫公司大吵大鬧，弄得丈夫處境十分尷尬。本來丈夫已有愧疚之意，也欲悔改，但妻子既然不顧惜他的「顏面」，他也就乾脆來個破罐破摔，下狠心斬斷了最後一縷情絲。另一位妻子呢？聽到丈夫有外遇後，理智的克制了自己的感情衝動。一方面理智的與丈夫暢談戀愛時的甜蜜情節，喚起他對美滿生活的追憶；另一方面讓孩子多親熱爸爸，強化父親對子女的骨肉之情；同時，在生活上她對丈夫更加關心，使他感受到妻子的溫暖，認識到妻子的寬宏大量，看到了自己靈魂的醜陋，於是便決定改過自新。顯然，在這兩者當中，還是後一位妻子的做法比較高明，結局自然也較為圓滿。所以，當你發現丈夫有外遇時，還是理智一些，否則，如果罵聲不斷，處處監視，日夜盤問，這樣，只會使你與丈夫的心理距離更為遙遠。

要防患於未然如果妻子是個較為細心的人，一般可以在丈夫身上及早發現他因為有第三者而出現的異常跡象。人的心理活動是有規律可循的。沮喪的事情容易使人抑鬱，興奮的事情則會使人亢奮。最初同第三者來往時，男人的心理和行為總會暴露出一些不同於往日的異常跡象。比如，平時不修邊幅者突然注重打扮了；常常準時回家者突然習慣遲到；平日對自

第七章　抓住男人心：幸福女人必備的心理操縱術

己十分關心體貼現在卻顯得很淡漠了；家庭義務觀念開始淡薄，脾氣變壞了，說話也開始吞吞吐吐了等。這些都是不同尋常的表現。只要妻子善於察覺這些跡象，及時同愛人談心、交心，喚起愛人對家庭溫暖的留戀，那麼，愛人就會重拾起與你的愛情，帶著愧疚之心，回到你的身邊。

那麼，當丈夫的心已經遠離的時候，你怎麼樣才能將這顆心拉回來？換句話說，你應該怎樣處理丈夫的婚外情？

有針對性的和丈夫談心發現丈夫有了外遇，首先當然是要冷靜下來分析原因，然後，有針對性規勸他，力求他能認識錯誤，拋棄邪念。為此，可與丈夫多談談戀愛時的山盟海誓，使之能珍重夫妻感情；多談談患難與共的經歷，使之能夠感受到您的忠貞不渝和自我犧牲精神；多談談孩子的可愛之處，讓孩子的韁繩拉住丈夫那即將飛駛而去的情感奔馬；多談談家庭和個人的前程美景，使丈夫看到，再與「第三者」來往下去，不僅破壞了美滿的家庭，而且也會使自己身敗名裂；多談談自己的不足，開展必要的自我批評，也許比直言規勸更能打動人心。這些工作如果做得恰到好處，誤入歧途的丈夫是完全有可能迷途知返的。

正確做好第三者的工作在掌握第三者的基本情況的前提下，倘若條件允許，不妨也試著與第三者談談心。你可以開誠布公對她曉以利害，表明自己忠於愛人的態度，勸其自愛、自重、自尊，不要為鏡花水月而耽誤終生。當然，生活中並非所有第三者都是深明大義的。如果你遇到的恰巧是一個執迷不悟、任意妄為的女子，那你也不必再遵循「家醜不可外揚」的原則。這時，完全可以通過正當的手段，向她的組織反映情況，把她的行為告訴她的親朋好友，讓他們協助你做好第三者的工作。

第三者插足，無疑是一件不幸的事，但是，「亡羊補牢，未為晚也」，只要能採取正確的態度，採用各方面都能接受的方式，那麼，你的

丈夫還是能回到你身邊的。當然，如果你的種種委曲求全的努力都無法拉回丈夫的心，那麼，你也不必再強求，既然他已經不再留戀你和這個家，也不再打算為你和孩子負責，那麼勉強把他留住，他也已經不是你從前的丈夫了。這時候，你不妨勇敢的放手，還給他和自己一個自由身，使你們從痛苦中獲得解脫，然後，再尋覓和自己真正契合的另一半。能做到這樣，你也不失為一個贏家。

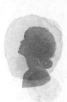

第七章　抓住男人心：幸福女人必備的心理操縱術

第八章
好心態成就好婚姻：幸福在婚姻裡等你

第八章　好心態成就好婚姻：幸福在婚姻裡等你

┃消極心態，會讓女人在悲觀中迷失自己

天底下沒有絕對的好事和絕對的壞事，有的只是你如何選擇面對事情的態度。如果你凡事皆抱著消極的心態來對待，那麼就算讓你中了一千萬的彩票，也是壞事一樁。因為你害怕中了彩票之後，有人會覬覦你的錢財。

一個女人的兩個女兒各開一小店，大女兒賣傘，小女兒賣遮陽帽。自兩個女兒小店開張後，這個女人就沒有開心過，整天神情抑鬱呆坐在門前，一臉晦氣。

一天，她的朋友路過她家，便主動上前問：「朋友，您怎麼了？是身體不舒服嗎？」

「我煩呢！」女人神情沮喪說，「晴天，我大女兒賣傘的生意不好，我煩。雨天呢，我小女兒賣遮陽帽的生意不好，我也煩。」

「你怎麼會這樣想呢？你應該高興才對呀！」她的朋友說。「別來逗我了，」這女人顯然生氣了，「到別的地方尋開心去。我才沒有你那樣的心情！說出這樣的話，我真想知道你到底是不是我的朋友。」

「你聽我說完再否定我好不好？」朋友誠懇說，「晴天，你的小女兒賣帽子不是很好嗎？而雨天，你大女兒賣傘是不是賣得很快？因此，您應該高興呀！」

「對呀！這女人豁然開朗，「為什麼我以前沒有這樣想呢？」

阿姆斯特丹有一座十五世紀的老教堂，在它的廢墟上留有一行字：事情既然如此，就不會另有他樣。在漫長的歲月中，女人一定會碰到一些令人不愉快的情況，它們既是這樣，就不可能是他樣。女人要樂於接受必然發生的情況，接受所發生的事實，這是克服隨之而來的任何不幸的第一步。

很顯然，環境本身並不能使我們快樂或不快樂，女人對周遭環境的反應才能決定自己的感受。必要的時候，誰都能忍受得住災難和悲劇，甚至戰勝它們。女人也許以為自己辦不到，但女人內在的力量卻堅強得驚人，只要肯加以利用，就能幫助我們克服一切。要是女人遇到一些不可改變的事實就一味退縮，或是消極否認，為它難過，那也不可能改變這些事實，我們只能改變自己。

天底下沒有絕對的好事和絕對的壞事，有的只是你如何選擇面對事情的態度。如果你凡事皆抱著消極的心態來對待，那麼就算讓你中了一千萬的彩票，也是壞事一樁。因為你害怕中了彩票之後，有人會覬覦你的錢財。

女人的一生總要經歷或多或少的坎坷，沒有波瀾的人生也不足以稱之為豐富的人生，所以女人要拋棄消極的心態，渡過暗礁累累的海，去迎接光輝燦爛的人生。

執子之手，與子偕老

執手的基礎是理解，相守的基礎是寬容，而信任則是女人幸福的基石。擁有了理解、寬容和信任，即便生活過得平淡，也不會缺少樸實的真情，這是一種平靜的幸福。

對於大部分的女性來講，內心裡總是希望在人生路上有個知心愛人相伴。只要手牽著手彼此相互依靠，在人生的風風雨雨中始終堅持，即使有再多的苦也都是甜的。這也是很多女性夢想中的幸福。

曾經有這樣一個小故事：在醫院的一個病房裡，一個老人的生命正走向終結，此時陪伴在他身邊的只有與他共同生活了六十多年的妻子。在彌

第八章　好心態成就好婚姻：幸福在婚姻裡等你

留之際老人突然費力把右手伸向妻子，妻子以為他是需要什麼，這時老人用孱弱的手指握了握妻子的手，隨即安然而逝。原來這對老夫婦的婚姻就是在六十多年前以握手開始的，那個時候也是那位老先生表明心跡的時候。在這最初和最後的牽手間是六十多年的廝守，雖然牽手只在一瞬，卻在彼此的，心裡銘刻了一生。

在張愛玲眼中，「執子之手」可謂世間最為悲涼的情話，明明知道死生契闊，卻還要說與子偕老；明明知道牽手之後便是放手，還要許下永不分離的誓言。不知有多少雙相約相牽的手，在一次次的波折與坎坷中黯然分開了。

但是對於女人的幸福而言，放手不見得就是最悲情的樂曲，有時選擇放手往往會讓女人走出羈絆而獲得新生。有人說女人是天生的感性動物，所以對美好浪漫的愛情總是存在著渴求之心，然而在這種浪漫的愛情歷程中總是充滿著太多的波折，而且有些愛情貌似美好浪漫，實際卻沒有現實的土壤，猶如空中樓閣，很難實現。有些女性特別容易沉迷於一些空乏的甜言蜜語，在各種糖衣炮彈中陷入感情的漩渦，產生一些不切實際的幻想，最終遭受到打擊，有的甚至毀掉了一生的幸福。

愛情不僅是「執子之手，與之偕老」的真情和浪漫，更需要彼此的寬容、理解和信任，而女人的幸福也正來源於此。執手的基礎是理解，相守的基礎是寬容，而信任則是女人幸福的基石，擁有了理解、寬容和信任，即便生活過得平淡，也不會缺少樸實的真情，這是一種平靜的幸福。

當真情來到時，女人應該主動把握和擁抱幸福，不要去想天長地久，因為人生很多美好是難以留住的。而當婚姻或愛情進入了困境，遭遇了危機的時候，女人則需要努力去化解，維護自己的幸福。但如果一切都難以挽留，那麼就不要讓自己受到更多的傷害，當機立斷的放手，反而可以讓

女人心中擁有更多的溫暖和美好的記憶，在獲得新生的天空下，去尋覓屬於自己的幸福。

這是一個「執子之手，與子偕老」的故事，令人感動。在人們感動之餘也對這種愛情讚嘆不已：執子之手，與子偕老，這個兩千年來的愛情信條，不知造就了多少愛情神話。

然而神話畢竟是神話，不少浪漫美好的愛情最終都沒有變成現實。很多女性希望得到那種浪漫的愛情，「執子之手，與子偕老」的浪漫讓很多人都陷入不現實的人生幻想之中，卻不曾想到浪漫之下的磨難。「執子之手，與子偕老」，這八個字看似簡單，其實是如此沉重。執手意味著兩人從此將風雨同舟，苦樂相伴，歡笑和眼淚都要共同分擔，甜美和苦澀也要一起品嘗。

▍寬恕就是愛

要想徹底敞開彼此間的心扉，要想享受終生的愛，有一個最重要的技巧，這就是寬恕。原諒你伴侶的錯誤，不僅可以使你繼續去愛你的伴侶，也可以使你原諒自己身上那些不盡完美之處。

如果在婚姻關係上不能做到寬恕，那麼愛戀之情在婚姻關係存續期間就會受到程度不同的限制。我們可以仍然去愛自己的伴侶，但那愛將不那麼熾烈了。如果夫妻雙方只有一個人的心理產生阻塞，那麼它對夫妻兩人的關係的影響會小得多。寬恕的意義就在於擺脫對婚姻關係的傷害。

寬恕可以使我們重燃愛戀之火，能使我們坦誠付出並接受彼此的愛。閉鎖的心靈是無法付出愛也無法接受愛的。

你對某人愛之愈深，當你不原諒他時，你承受的痛也就愈大。許多人

第八章　好心態成就好婚姻：幸福在婚姻裡等你

由於不能原諒自己的愛人，那種痛苦的折磨甚至會使他們自殺。我們所能感受到的痛苦中，最大者莫過於不能去愛我們所愛的人。

這種痛苦的折磨會使人發瘋，會使人喪失理智採取暴力行為。正是這種欲愛不能的痛苦，使許多人一步步走向了墮落、頹廢和暴戾。

我們陷於痛苦和怨恨而不能自拔，其原因不在於不能去愛，而在於不能去寬恕別人。如果我們沒有愛戀之心，那麼不再愛不會讓一個人感覺到絲毫痛苦。愛戀之心愈深，不能寬恕戀人所帶來的痛苦也愈重。

如何學會寬恕？

如果我們是孩子，那麼當父母要求我們原諒他們的錯誤時，我們知道如何原諒他們。如果我們曾看到過他們之間的彼此原諒，我們會對寬恕有更深刻的理解。如果我們曾多次體驗過別人對我們的錯誤的寬恕，那麼我們不僅會知道如何去寬恕別人，還會真真切切的體會到寬恕所具有的那種改變他人的巨大力量。

如果父母不知道如何寬恕，我們會很輕易的對寬恕的真正含義產生誤解。當我們寬恕某人時，我們會在感情上認為，他們的所作所為並不是很壞。

例如，假設有人遲到了，你對此感到不高興，如果此人說出了一個適當的理由或藉口，那麼你很可能會原諒此人。比如說，此人的理由是，他的車輪胎爆了，所以才遲到了，你肯定會原諒他。當然還有更好的理由，比如說別人的車爆胎了，他去救一個受傷的孩子了。有了這樣「好」的遲到理由，此人肯定會立即得到寬恕。但是，真正的寬恕應該是這樣：它所寬恕的，是那些確實不好或有害，而且又沒有適當理由的錯誤。

真正的寬恕要承認錯誤已經發生，然後再肯定犯錯誤的人仍然值得被人尊重、被人所愛。它並不意味著寬恕或贊同那種錯誤的行為。

　　如果你要求別人寬恕，那就意味著，你承認了自己所犯的錯誤，並認識到你要改正這個錯誤，或者說至少你將不再重犯這個錯誤。

　　寬恕的力量蘊藏於我們的身上，但與其他婚姻關係技巧一樣，我們必須不斷磨煉它。開始時，可能要花費不少時間。我們努力原諒了自己的伴侶。但第二天卻突然又開始責備他們。這是學習寬恕別人的過程中很難避免的。寬恕是改善婚姻關係的新技巧，雖然要真正掌握這種技巧要花費一定時間，但只要不斷實踐，寬恕別人就會成為一種自然而然的反應。

　　在初學階段，我們可以提供一些有用的話語供你參考：「人不能十全十美，所以我原諒你了。」「你做錯了，你不應這樣對待任何人，更不應這樣對待我。」「你做得不對，不過我原諒你。」「人難免會出錯，所以我原諒你。」「儘管你沒有給我愛，沒有尊重我，但我還是原諒你。」「既然你不太了解情況，我可以原諒你。不過我希望你能尊重別人。」「我原諒你的錯誤。」

▌獨一無二的玫瑰

　　心靈成熟的過程是一個不斷發現自我的過程。我們只有在了解自己的時候才能理解別人。蘇格拉底說，智慧的起點就是「了解你自己」，而「只有你像你自己」正是這句格言的現代版。

　　每個人的生活都是獨一無二的。儘管人們都是由同一種物質構成的，但每個人的生命都很奇妙的與他人區分開來，自成一家。心靈的成熟過程，是持續不斷的自我發現、自我探險的過程。只有我們先了解自己，才能去了解別人。我們的事業能否成功，其中很重要的一個因素就是我們是否有熱情，熱情就是促使我們前進的動力。

第八章　好心態成就好婚姻：幸福在婚姻裡等你

　　一個朋友，她的丈夫是一位園丁，他對這種工作很有熱情，他設計了一個玫瑰園，二人從這個園子裡得到了不少樂趣。一天，夫妻一起欣賞玫瑰的時候，丈夫對妻子說：「也許看上去所有的玫瑰長得都一樣，對不對？其實它們是不一樣的！你仔細看看，就是一樣的品種，顏色也一樣，但每株玫瑰開的花都有不一樣的地方。比如生長的速度、花瓣兒的捲曲程度、顏色的均勻程度都不一樣，它們都有自己的獨特之處。」

　　人類社會比自然界豐富多了。亞瑟·查理斯爵士曾擔任過英國科協主席，他對古人類很有研究，因而十分有名。他說：「無論是過去、現在還是將來，從沒有人與別人一樣有相同的人生經歷……每個人都有一段獨特的生命歷程。」

　　沒錯，每個人都有一段獨特的生命歷程。儘管我們看上去沒什麼區別，但每個人都是獨一無二的生命個體。如果我們想成熟、想增長智慧，我們必須明白這樣一個事實。只要我們認識到，對方和我們同樣都是普通人，我們就能伸出手去，與別人建立有意義的溝通。

　　這聽起來似乎很簡單，可做起來就難了。我們經常說，美國沒有階級概念，但其實美國社會仍舊等級森嚴。我們發明了一種專有名詞，我們用這些專有名詞把人以數字的形式表現出來，或是在調查報告中區別開來，這種行為反映出我們並不尊重每一個生命個體。「普通人」、「中上階級」、「中下階級」、「流浪者」、「白領」、「藍領」、「灰領」等等，所有這些名詞都反映出我們不願意把他人看成是獨特的個體，我們寧願把人看成一類人裡的一個，面目模糊，只有代號而已。

　　我們陷入這種分類的泥沼中不能自拔。人的生命的每個階段均清清楚楚的反映在調查資訊裡。社會工作者們掌握著這些資訊，他們知道我們所有的事：我們喝多少咖啡，有多少人擁有什麼樣的車，我們願意看什麼電

視節目，喜歡聽什麼廣播，甚至每年以什麼方式做愛多少次等等。

社會總是強調「適應」、「群體意識」和「社會化流動」，淹沒自己的個性、服從整體意志的人被當成菁英，而有強烈個性的人則被看成是另類。我們是一個獨立的人，可我們經常迷失自己的意志。當我們的想法、行為與別人不同時，我們恐懼得要死。

現代人沒有這樣的意識，女人更甚。我們應意識到自己應該做一個獨特的人，讓自己擁有一個與眾不同的個性。儘管要承受別人異樣的眼光，要忍受著步調一致的束縛，但每個女人的心裡還是藏著一個祕密：她知道自己是與眾不同的，她也希望自己與別人有所區別。女人渴望個性的張揚，這種渴望卻把女人送進了心理醫生的診所、精神疾病研究中心。對於更多的人包括男人在內，酗酒、吸毒或者做其他無謂的事，這些徒勞無功的努力讓人們更加迷失了自己。

哪裡才有解藥？自己如何能更明白自己？我們要怎樣才能成熟長大？下面是幾個建議：

首先，要讓自己獨自待一會兒，靜靜的熟悉一下自己。緊張的生活使我們找不到機會與自己交流，我們需要找個機會獨處。

每個人都有自己的獨處方式。一個朋友說，他以在大街上散步的方式來思考問題，他讓自己淹沒在人群中。他說：「我絲毫不會分心，我就這樣，直到想明白了為止。」

有的人沒時間長久的散步，也沒時間長久做戶外活動，只是在自己的院子裡走走，不時抬頭看看外面的樹木和天空。季節如奇蹟般發生著奇妙的變化。在一小塊土地上，也可以窺見大自然的美景。通過這種方式，他融入了大自然。

還有人喜歡在安靜的房間裡獨處，或是與外界隔絕。無論怎樣，每天

第八章　好心態成就好婚姻：幸福在婚姻裡等你

都給自己留出一點閒置時間，不接電話，拒絕干擾。獨處必不可少，它對思考自己的內心世界和生活方式、樹立自己的信心、約束自己的行為都很重要。獨處的價值曾經得到許多偉大的哲學家、思想家的肯定。耶穌、佛陀、笛卡兒、蒙田、班揚等人都發現，他們在獨處一段時間後變得更有力量了，在之後的工作和生活中，他們熱情十足。

　　衝破生活的慣性是第二種回歸自我的方式。我們習慣過著習慣性的生活，我們感到十分苦悶。只有強烈的願望才能把我們釋放出來。每天，我們中間的大多數人都在疲憊的拖著身體過日子，人們在習慣和惰性的束縛下單調而乏味過著每一天，他們的個性在這個不良習慣中被消磨得所剩無幾，終於，他們在自己的努力下擺脫了這種困境。

　　下面是一個朋友的故事，這是關於她和丈夫如何從中破除習慣的束縛。

　　她說：「我和我丈夫都愛看電視，每天下班回家的第一件事就是把電視打開，一邊吃飯一邊看電視，到睡覺關掉它。我們不拜訪朋友，不讀書看報，也不出去玩，就怕錯過好的節目。朋友們來家裡拜訪我們，我們也是不安穩，老是想著那些節目。一天中午，在和幾個老朋友吃午飯的餐桌旁，我發現我們已經無話可說了，我對此很難過。我哪兒也不想去，什麼書都不讀，只想看電視，把自己最好的歲月都浪費在電視面前。」

　　她對她的先生說：「別人都能把毒癮戒掉，我們為什麼不把電視癮戒掉呢？」丈夫也贊同妻子的想法。就這樣，他們開始著手給自己找點事幹，不老看電視。最後，他們徹底戒掉了電視癮。他們的生活在離開電視的日子裡得到了更多的樂趣，他們的工作和婚姻都得到了改善，他們相親相愛，和朋友接觸也更頻繁了。

　　尋找生活中最讓自己滿意之處是第三種回歸自我的方式。一八七八

年，心理學家威廉‧詹姆士曾就這個問題在給他妻子的信中寫道：「我時常在想，如果一個人遇見某種機會時突然變得十分激動，熱血沸騰，那麼，這個人的個性、道德觀、世界觀就會在這時很好的展現出來。此時，人們在內心深處喊著：『這才是真我！』」

也就是說，高漲的情緒讓我們浮出水面，感覺到「十分激動，熱血沸騰」，這就是興奮。

也許，我們在為一種思想而興奮，為某個人或者某件事而興奮。這都無所謂，重要的是興奮刺激我們遠離苦悶的情緒，讓我們從中破除習慣的束縛，思想上放輕鬆，做真正的自己。

心靈成熟的過程是一個不斷發現自我的過程。我們只有在了解自己的時候才能理解別人。蘇格拉底說，智慧的起點就是「了解你自己」，而「只有你像你自己」正是這句格言的現代版。

▌幽默是女人的超級武器

幽默是精神的緩衝劑，是女人社交中的超級武器。高尚的幽默，可以淡化矛盾，消除誤會，使不利的一方擺脫困境。

一個優秀的男人，一定是個懂得幽默的男人，那麼女人呢？一個美麗的女人一樣需要幽默來裝點自己。幽默的男人是聰明的，幽默的女人是智慧的。幽默是精神的緩衝劑，是女人社交中的超級武器。高尚的幽默，可以淡化矛盾，消除誤會，使不利的一方擺脫困境。

一位年輕的廚師給他喜歡的姑娘寫了一封情書。他這樣寫道：「親愛的，無論是挑菜時，還是炒菜時，我都會想到你，你就像鹽一樣不可缺少。我看見雞蛋就想起你的眼睛，看見番茄就想起你柔軟的臉頰，看見大

第八章　好心態成就好婚姻：幸福在婚姻裡等你

蔥就想起你的纖纖玉指，看見香菜就想起你苗條的身材。你猶如我的圍裙，我始終離不開你。嫁給我吧，我會把你當做熊掌一樣去珍惜。」

不久，姑娘給他回了一封信，她是這樣回復的：「我也想過你那像鵝掌的眉毛，像番茄的眼睛，像大蒜頭一樣的鼻子，像土豆似的嘴巴，還想起過你那像冬瓜的身材。順便說一下，我不打算要個像熊掌的丈夫，因為，我和你就像水和油一樣不能彼此融合，你能明白我的意思嗎？」

拒絕別人是一種藝術。幽默的拒絕別人，既不會讓人難堪，還可以表達自己所要表述的意思。這就是幽默的力量。幽默，是社交場合裡不可缺少的潤滑劑，可以使人們的交往更順利，更自然，更融洽。

幽默是健康生活的調味品。在公眾場合和家庭裡，當存在一種不協調的或對一方不利的現象時，超然灑脫的幽默態度往往可以使窘迫尷尬的場面在笑語歡聲中消失。夫妻間的幽默還有特殊的功能：在一方心情惡劣或雙方發生衝突時，刺激性的語言無疑是火上加油。即使是喋喋不休的規勸，也會事倍功半。而此時一個得體的小幽默，卻常常能使其轉怒為喜、破涕為笑。

有一對年輕夫婦，一天因為某事吵了起來。由於年輕氣盛，大家又都在氣頭上，所以彼此都不肯讓步講和。氣急之下，妻子一邊拿出包來收拾自己的東西，一邊說要回娘家。丈夫也沒有過多理睬，只是在一旁生悶氣。妻子收拾完衣物後，氣鼓鼓的向丈夫要路費，丈夫什麼也沒有說，便從皮夾裡掏出二十元錢遞給妻子。妻子拿著錢呆呆的瞅著丈夫，並沒有走的意思。過了很長一段時間，妻子終於忍不住生氣說：「我回來的路費你不給報啊！」丈夫瞅了瞅妻子，慢條斯理的說：「帶著我這麼大個錢包回娘家，還怕沒有路費？」妻子聽了，立刻破涕為笑。二人以幽默的方式解決了即將爆發的更深層的情感戰爭。

　　英國著名作家、短篇小說大師曼斯菲爾曾經說過：瘋狂或死板嚴肅都是不對的，兩者都嫌過度。一個人必須永遠保持幽默感。

　　幽默往往是有知識、有修養的表現，是一種高雅的風度。大凡善於幽默者，大多也是知識淵博、辯才傑出、思維敏捷的人。他們非常注意有趣的事物，懂得開玩笑的場合，善於因人、因事不同而開不同的玩笑，能令人耳目一新。

　　一位青年男子在飯館吃飯。已經吃完了飯，他才對經理說：「對不起，錢包放在家裡了，我現在不能付錢。」女經理不慌不忙說：「那好吧！我相信你。為了使我記住此事，必須把你的名字寫在門口的黑板上，同時記上你欠款的數目。」男士表示不滿：「那不是每個人都看到我的名字了嗎？我不是太難堪了嗎？」女經理微笑著說：「不必擔心，我們會用你的皮大衣把你的名字蓋住的。」經理的幽默意圖，在於讓這位有賴帳嫌疑的顧客用物質作抵押，以此逼迫他就範。這位男青年只好拿出錢來，如數付清了飯錢。幾乎沒費什麼力氣，經理就維護了餐廳的權益。

　　由於某些客觀原因，我們的計畫常常會受到嚴重挫折。這種情形使人心灰意冷，因為這並非我們的能力不夠。不過，我們也可以充分發揮自己的主體人格力量，試著運用一下幽默去處理它，說不定會扭轉局面。

　　女人的幽默不同於男人，它更多來自女人對生活的獨特體驗與理解，是一種點點滴滴中的智慧的釋放。一個懂得幽默的女人，她不一定美麗，但卻是智慧的，而且善解人意的。這樣的女人喜愛生活，懂得用自己的方式化解怨憤，用微笑放鬆自己。她們既沒有「儲存快樂，過時作廢」的擔憂，也沒有「怨艾鬱積，累累成愁」的隱患。她們之所以招人愛，是因為她們懂得生活，懂得用智慧增添自己的魅力。公共汽車上，男孩踩了女人一腳，男孩趕緊說：「對不起。」女人卻風趣說：「不，是我的腳放錯了

第八章　好心態成就好婚姻：幸福在婚姻裡等你

地方。」這樣的女人是不是更可愛？

　　現代女性已經完全走出了家庭，不再是專業的家庭主婦。在各個領域都存在著許多出類拔萃的佳人，經過歲月的冶煉，在生活中陶冶出達觀的人生態度。這樣的女人知道如何周遊於社會的每個角落，無論在步行商場，還是在豪華餐廳，都傳遞著鶯歌妙語。

　　幽默不是餐桌上低級的笑話，也不是舌根下無聊的怨言，幽默是一種尺度適當的娛樂。幽默的風采，使生活更加多姿。有人說，一個沒有幽默感的女人，就像鮮花沒有香味。只有形，沒有神，即使再光鮮的外表，讓人感覺還是少了一點靈氣。

　　一個女人要想培養幽默感，就得以一定的文化知識、思想修養為基礎：多學習那些詼諧、風趣的人開玩笑的方式、方法。至於那些性格比較內向、做事過於認真呆板的女人，要學會欣賞別人的幽默，在社交過程中盡量讓自己輕鬆、灑脫、活潑，想辦法把話說得機智、委婉、逗笑。當然，開始嘗試會感到不大自如，但只要我們坦率、豁達在與朋友的交往中不斷實踐，幽默感便會變得自如，使交往更加情趣盎然。

　　善於理解幽默的女人，容易喜歡別人；善於表達幽默的女人，容易被他人喜歡。幽默的人易與人保持和睦的關係。現實生活中常常不乏讓人碰得頭破血流仍然得不到解決的問題，但是，如果來點幽默，問題往往會迎刃而解，使同事、夫妻之間化干戈為玉帛。幽默還能顯示自信，增強成功的信心。信心有時也許比能力更重要，生活的艱難曲折極易使人喪失自信，放棄目標，若以幽默對待挫折，往往能夠重新鼓起希望的風帆。

　　女人在運用幽默時，表情一定要自然輕鬆，只有這樣，您才能將幽默的輕鬆氣息「感染」到身邊每個人。記住，一個看起來滿面愁容或神情抑

鬱的女人，是不可能真正的發揮幽默的魅力的。幽默的人生，是樂趣無窮的。所以，學會和善於運用幽默，會令女人的社交生活更為豐富和快樂。

需要注意的是，幽默既不是毫無意義的，也不是沒有分寸的耍嘴皮。幽默要在合情合理之中，引人發笑，給人啟迪，就需要女人有一定的素養和修養。

從幽默的功效來說，其形式有多種，既有愉悅式幽默、哲理式幽默，也有解嘲式幽默、譏諷式幽默。為了達到幽默的禮儀效果，女人對同事、朋友宜多用愉悅式幽默和哲理性幽默；對待自我、友人也可以根據情況適當運用解嘲式幽默；對待敵人、惡人則要用諷刺性幽默，以便在用幽默譏諷、鞭撻對方的同時，給周圍的同事、朋友以愉快。

女人對幽默的使用也要具體情況具體分析，尤其是對於長輩、其他女性、初次相識的人，幽默一定要慎用。同時，女人的幽默要注意「度」，一旦過度，就可能被對方誤解為取笑與譏諷，不僅沒有禮貌，而且簡直就是無禮了。

培養和提高幽默心理能力，要注意以下幾點：

* **要仔細觀察生活**：觀察生活，尋找喜劇素材。需要我們善於變換視角，去發掘和使用這些素材。

* **要學習幽默技巧**：幽默不是天生就會的，是後天學習掌握的。許多關於幽默的書籍和先人的經驗，都為我們提供了不少範例，值得我們廣泛借鑑。

* **要敢於表達幽默**：幽默能力只有在表達幽默的過程中才能得到核對總和提高，因而積極實踐至關重要。選擇適當的場合，針對適當的對象，都可顯示自己學習的幽默技巧。

第八章　好心態成就好婚姻：幸福在婚姻裡等你

▍微笑面對所有人

　　微笑，本不是女人的專利，但女人從心底裡發出微笑時，卻可以讓灰暗的人生煥發出豔麗的光彩。

　　女性最能打動人的就是微笑。世界名模辛蒂‧克勞馥曾說過這樣一句話：女人出門時若忘了化妝，最好的補救方法便是亮出你的微笑。微笑，本不是女人的專利，但女人從心底裡發出微笑時，卻可以讓灰暗的人生煥發出靚麗的光彩。

　　達文西（Leonardo da Vinci）的名畫《蒙娜麗莎》中，那神祕而安詳的微笑只屬於女人，那永恆的微笑迷倒了幾個世紀以來世界上所有的人。

　　每天面對所有人開心微笑的女人才是最聰明的女人，每天面對所有人甜美微笑的女人才是最美麗的女人。

　　微笑，一個簡單得不能再簡單的表情，卻是女人最美麗的一種語言，它所傳遞的資訊是豐富無比的──

　　微笑傳遞的關愛，可以驅散心靈的孤寂；
　　微笑傳遞的溫情，可以融化心靈的堅冰；
　　微笑傳遞的友善，可以放鬆戒備緊張的心情；
　　微笑傳遞的寬容，可以拉近心與心之間的距離；
　　微笑傳遞的信任，可以讓人感受到你的真誠。

　　微笑如綿綿春雨，滋潤乾涸的心田；又似徐徐春風，可以撫平或舒展心靈的皺紋。

　　微笑的女人笑容綻放在臉上，心裡充滿陽光，雖然她們不能改變世界，但最起碼可以使自己的周圍溫煦如春，暖意融融。微笑是和煦的春風，微笑是快樂的精靈，微笑是看不見的財富。

把微笑送給別人，會體驗到一種真正的愉悅，心情好了，幸運也會更多光顧你。

有這樣一個美好的故事：一家信譽特好的連鎖花店，高薪聘請一位售花小姐，招聘廣告張貼出去後，前來應聘的人有四五十個。經過仔細的篩選後，老闆選出了三位女孩讓她們每人經營花店一星期，以便最終挑選一人。這三個女孩長得都很漂亮，很適合賣花，她們一個有豐富售花工作經驗，一個是花藝學校的應屆畢業生，最後一位只是一位待業女青年。

有過售花經歷的女孩一聽老闆要以實戰來考驗她們，心中竊喜，畢竟這工作對於她來說是駕輕就熟。每當有顧客進來，她就不停的介紹各類花的花語以及給什麼樣的人送什麼樣的花。幾乎每一位顧客進花店，她都能說得讓人買去一束花或一籃花，一個星期下來，她的成績非常不錯。

輪到花藝女生經營花店時，她充分發揮自己所學的專業知識，從插花的藝術到插花的成本，都精心琢磨。她的專業知識和她的聰明為她一星期的鮮花經營也帶來了相當好的業績。

待業女青年經營起花店，則有點放不開手腳，甚至剛開始還有點手足無措。然而她置身於花叢中的笑臉簡直就是一朵花，從內心到外表都表現出一種對生活，對工作的熱忱。一些殘花她總捨不得扔掉，而是修剪修剪，免費送給路過的小學生，而且每一個買花的顧客，都能得到她一句微笑而甜甜的祝福——「鮮花送人，手有餘香」。顧客聽了之後，往往都會開心的回應她一笑，然後快樂的離開。儘管女孩努力幹了一星期，但她的業績和前兩個女孩比還是有差距的。

出人意料的是，老闆最終竟然選擇了待業女青年。人們不解，為何老闆放棄業績好的女孩，而偏偏選中業績差的？

老闆自有他的道理，他說：用鮮花掙再多的錢也只是有限的，用如花

第八章　好心態成就好婚姻：幸福在婚姻裡等你

的心情、如花的微笑去掙錢才是無限的。花藝可以慢慢學，經驗可以慢慢積累，但如花的心情不是學來的，因為這裡面包含著一個人的氣質、品德和自信……一個真正懂得笑的女人，總能輕鬆穿過人生的風雨，迎來絢爛的彩虹。

吳倩是一名大學生，雖然她的名字很好聽，但外貌卻很醜，校園裡的那些帥哥和靚妹們經常嘲笑她，叫她「超級恐龍」，更有甚者乾脆直呼她「夜叉婆」。

每當同學這樣叫她時，她都非常氣憤和羞愧，但卻無可奈何，有時甚至掩面大哭。人常說，大學的生活最美好，可她的生活就像在煉獄一樣，她總是試圖躲避人們的視線，甚至躲在宿舍裡不敢出來。

有一天，當她又因為同學的嘲笑而暗自垂淚的時候，被管理校園花草的王師傅看見了，問明原委後，王師傅告訴她一些能使人變漂亮的祕訣：臉上經常掛上笑容，遇到同學甭管他如何對待你，都要友善的主動親切微笑打招呼。

吳倩聽了王師傅的話，全心全意按這些祕訣的要求去做。沒有多久，同學們對她的態度發生巨大變化，不再嘲笑和諷刺她，她果真成了全校同學中最受歡迎、最有人緣、最易於相處的人。而且由於她的臉始終是微笑著的，就像五月的丁香花一樣，雖不美麗，卻很宜人。所以同學們都說：「原來她並沒有那麼醜，還是很美的啊！」

可以想像，臉上總掛著笑容的女人，她們的心靈是多麼美好。而她們的未來，也是可以預見的幸福。

從現在開始，從今天開始，面對每一個人充滿自信微笑吧！因為「世界像一面鏡子，當你向它微笑之時，它必以笑顏回報」。自信女人的笑容，不止有「回眸一笑百媚生」的魅力，其背後往往還蘊藏了巨大的力

量，這種力量不但能以溫柔的方式化解人生的各種堅冰，還能引導你直接
到達光明的聖。

微笑著的女人是陽光的、自信的、成熟的、和善的、聰明的、優雅
的，更是快樂的、幸運的、幸福的 ……

未來永遠不會到來

幸福不在明天，也不在昨天，它不懷念過去，也不嚮往未來；它只在
現在。

在撒哈拉大沙漠中，有一種土灰色的沙鼠。每當旱季到來之時，這種
沙鼠都要囤積大的草根，以準備度過這個艱難的日子。因此，在整個旱季
到來之前，沙鼠都會忙得不可開交在自家的洞口前進進出出，滿嘴都是草
根。從早起一直到夜晚，辛苦的程度讓人驚嘆。

而實際情況是，沙鼠根本用不著這樣勞累，一隻沙鼠在旱季只能吃掉
兩公斤草根，而它非要運回十公斤才能踏實。大部分草根最後都腐爛了，
沙鼠還要將腐爛的草根一一清理出洞。

從沙鼠身上似乎能找到我們的影子 —— 在現實生活裡，我們常為所
謂的「明天」、「後天」深感不安，為那些還沒有到來，或永遠也不會到
來的事物焦急忙碌。

我們當下都是有吃有穿，也沒有任何事情能在當下威脅我們的安全。
但我們總覺得不踏實、不安全，想要為將來囤積更多。我們總在為將來的
所需和將來會如何而發愁。

其實，就如屠格涅夫所說：幸福不在明天，也不在昨天，它不懷念過
去，也不嚮往未來；它只在現在。把握當下的幸福，才是真實的幸福。無

第八章　好心態成就好婚姻：幸福在婚姻裡等你

限的憧憬明天，幸福永遠也靠近不了我們 —— 在我們一門心思準備迎接將來某一天到來的時候，往往會忘記、忽視眼前的一切。邏輯學告訴我們，未來永遠不會到來；我們也夠不到未來，無法將它拉到面前。對未來的擔憂只是我們的想像，誰也不知道未來真正會發生什麼。

　　有個很有意思的現象，年輕時，我們常習慣說：「等到……的時候」，對未來抱著無限的幻想；到了老年，就變成說：「過去……的時候」，對過去無限懷念。然而無論是未來將怎麼樣，或者過去曾經怎麼樣，結果都是一樣 —— 我們因為沒有關注當下而錯失了最真實的現在。不珍惜當下，只會錯失當下，只會把每一個經歷著的現在變成留有遺憾的昨天。

　　身邊有個朋友，在外人看來，他已經很不錯了，是個部門經理，月收入中等偏上，在五環外買了一套房，可以隨心所欲打車上下班。但卻常聽到他在抱怨自己不夠富有，覺得自己的職務低而被埋沒了、收入少和同學們相比混得太差、房子不在市區內等等，總之，對當下所有的都不滿足，因此，常常不開心，在酒精中尋找快樂。後來，有一次機會，他喝酒時認識的朋友介紹一筆買賣，說能夠讓他大賺一筆。但誰料其中卻是一個局，他成了一起刑事案件的主犯。職位丟了不說，還賣了房子作為賠償金，並面臨五年的牢獄之災。

　　我們總是在渺茫的期盼中尋找關於未來的幸福，其實，這是錯誤的見解。試問，誰可以擔保，一旦脫離了現有的位置，就可以得到幸福；誰可以擔保，今天不笑的人，明天就一定還能笑得出來？人生只有一次，假如幸福呈現在眼前時，我們不去好好面對它，那就將錯過它。

　　享有我們現在所有的安樂、幸福，不要夢想著明年不可期的富貴生活；享受我們今天簡潔舒適的衣服，不要妄想明年不可期的錦華狐裘。踏

踏實實的過好每一刻，比不切實際的計畫和妄想更適用於我們的生活。

因為，世界和環境時刻充滿著變化，一不留神又是新的天地，我們等不來和想像中一樣的未來。而對生活充滿幻想只會造就一個極端的自我：我們終日為過去和將來憂心忡忡，我們超負荷想要提升自己，我們成天患得患失，我們總不能清醒的認識當下，結果 —— 身體疲憊不堪，也喪失了當下的各種樂趣……

十七世紀法國科學家兼思想家帕斯卡（Blaise Pascal），他在《沉思錄》一文中有一段話：「我們向來不曾把握現在；不是沉湎於過去，就是殷盼著未來；不是拼命設法抓住已經如風的往事，就是覺得時光的腳步太慢，拼命設法使未來早點到臨。我們實在太傻，竟然流連於並不屬於我們的時光，而忽視唯一真正屬於我們的此刻。」

是的，過去曾經美好，可是那已經過去了，而未來則根本還未來臨。過去與未來並不存在，它們只是「曾經存在」或「可能存在」的狀態，唯一存在的是現在。為什麼不在現在多把握一些幸福？

在《聖經》中有一個小故事，講的是以色列民族在出征埃及的最後途中，天上降下大餅，許多人捨不得當日吃盡，藏了一夜，到了第二天，卻全部黴壞而不能下口。

幸福就如大餅，應當當日、當時享有，才不會變味。

過去是記憶，未來是想像，真正的、真實的快樂是現在。不必讓未來很幸福，讓當下很幸福就足夠。「活在當下」是最愉快，最安穩，最科學的一種方法。

誰管世界如何定義，妳只需要獨自美麗：

財富、地位、伴侶、子女……將人生交付給世俗的認同和他人的評判，妳幸福了嗎？

編　　著：憶雲，謝娜

發 行 人：黃振庭

出 版 者：崧燁文化事業有限公司

發 行 者：崧燁文化事業有限公司

E - m a i l：sonbookservice@gmail.com

粉 絲 頁：https://www.facebook.com/
　　　　　sonbookss/

網　　址：https://sonbook.net/

地　　址：台北市中正區重慶南路一段六十一號八
　　　　　樓 815 室

Rm. 815, 8F., No.61, Sec. 1, Chongqing S. Rd.,
Zhongzheng Dist., Taipei City 100, Taiwan

電　　話：(02)2370-3310

傳　　真：(02)2388-1990

印　　刷：京峯彩色印刷有限公司（京峰數位）

律師顧問：廣華律師事務所 張珮琦律師

國家圖書館出版品預行編目資料

誰管世界如何定義，妳只需要獨自
美麗：財富、地位、伴侶、子女……
將人生交付給世俗的認同和他人的
評判，妳幸福了嗎？/ 憶雲，謝娜
編著 . -- 第一版 . -- 臺北市：崧燁
文化事業有限公司 , 2022.10
　面；　公分
POD 版
ISBN 978-626-332-798-6(平裝)
1.CST: 自我肯定 2.CST: 生活指導
3.CST: 女性
177.2　　111015239

定　　價：330 元

發行日期：2022 年 10 月第一版

◎本書以 POD 印製

電子書購買

臉書